U0857064

明法讲堂

在法大听讲座

寻找法学的趣味

贾广芳／主编

華中科技大學出版社
http://www.hustp.com
中国·武汉

图书在版编目（CIP）数据

在法大听讲座——寻找法学的趣味 / 贾广芳主编. -- 武汉：华中科技大学出版社，2019.5

ISBN 978-7-5680-4825-5

Ⅰ. ①在…　Ⅱ. ①贾…　Ⅲ. ①法律–文集　Ⅳ. ①D9–53

中国版本图书馆CIP数据核字（2019）第057586号

在法大 听讲座——寻找法学的趣味　　贾广芳　主编

Zai Fada Tingjiangzuo——Xunzhao Faxue de Quwei

策划编辑： 郭善珊
责任编辑： 陈锦剑
封面设计： 伊　宁
责任校对： 梁大钧
责任监印： 徐　露
出版发行： 华中科技大学出版社（中国 · 武汉）　电话：（027）81321913
武汉市东湖新技术开发区华工科技园　邮编：430223
录　　排： 北京欣怡文化有限公司
印　　刷： 北京富泰印刷有限责任公司
开　　本： 880mm × 1230mm　1/32
印　　张： 8
字　　数： 140千字
版　　次： 2019年5月第1版　2019年5月第1次印刷
定　　价： 46.00元

代 序

在法大问学记

——感悟法学成长及术业专攻的轴心突破

本书的写作缘起于我在2015年至2016年问学于中国政法大学，重回法学教育的现场，感悟法学成长及术业专攻的轴心突破所在，记录下当代当时庄严的、真实的法学教育及研究现状。

讲授刑法的老师在课堂上鼓舞学风和士气："本科、研究生时代，是法学研习训练的轴心时刻。一学期有18周，让研究生写20篇论文，法律人的思维就是要快。"，老师还引用德国哲学家雅斯贝尔斯的"轴心时代"原理作为理据："人类一直靠轴心时代所产生的思考和创造的一切而生存。每一次新的飞跃都回顾这一时期，并被它重新燃起火焰。"

2016年，在课堂上，舒国滢老师回顾20世纪80年代初中国人民大学清史研究所戴逸教授的辩难与质疑："法学是幼稚的"，"史学是危机的，哲学是贫乏的，经济学是混乱的”。社会科学整体存在的幼稚、危机、贫乏、混乱，无疑也是在促使我们反思我国文化的生产性困境。

法学家不能仅仅作为青年人的导师，带领青年人认识法律的原初基础，“我最关注的是，**中国文化的生产性，法学的科学性**，有无自我再生能力”，舒师在对话中，讲述自己对深层次问题的忧思，因为“法学高度的科学性和深刻的衰败是两个相互对立的事物”[①]。

文化的生产性，这也是日本学者竹内好先生所关注的问题。竹内好先生在《何谓近代》一文中指出日本文化总是面向外界的，等待新的东西的到来。文化总是从西面来，儒教佛教便是如此。“在日本文化中，新的东西一定会陈旧，而没有旧的东西之再生。日本文化在结构上不具有生产性。即可以由生走向死，却不会由死走向生。”[②]

美国学者列文森在“研究揭示儒家文化内在特质方面着力甚深，就问题的出发点而言，《儒教中国及其现代命运》主要是针对中国现代的新传统主义：儒家思想在近现代世界中，是否完全丧失了其原创性的智慧和对于人们心灵世界乃至近代社会历史进程之客观的影响力”[③]。“现代中国知识分子的窘境，他们在情感上执著于自己的历史，

① ［德］鲁道夫·冯·耶林著，李君韬译：《法学是一门科学吗？》，法律出版社 2010 年版，第 49 页。

② ［日］竹内好著，孙歌编，李冬木，赵京华，孙歌译：《近代的超克·何谓近代》，生活·读书·新知三联书店 2005 年版，第 213 页。

③ ［美］列文森著，郑大华，任菁译：《儒教中国及其现代命运》，广西师范大学出版社 2009 年版，第 12 页。

在理智上却又献身于外来的价值。他们对于过去的认同，缺乏知行的理据，而他们对当今的认同，则缺乏情感的强度。”①

中国教育制度的变革，尤其是法学，从价值理念到法学思想，都在借鉴欧陆法学，更加接近西方的法律语境、思想方法，几乎很难找到自己的传统法律理念，从而使中国现代知识分子在研习法学的过程中缺少亲切感。讲授民法的姚新华老师指出，要更好地研习民法，必须了解德国史、罗马史。

舒师的求学经历具有某种代表性，他自 1979 年始，早期学习法学时，一直在寻找对法学的兴趣，试图让自己喜好法律之学。

直到 1993 年 10 月，舒师获得去德国哥廷根大学进修法哲学与法社会学的机会，这是学问人生的一个重要转折点，极大地改变了他对法学学科的认识，法学是有思想品位的、有魅力的，法学是古老高深的学问，具有思想和审美上的吸引力，并使他真正感受到大学的使命与精神气象：

哥廷根大学法学院图书馆的藏书，仅法哲学方面的著作就有数万卷，甚至能够找到 17 世纪的著作，看到书架上一排排齐全的法哲学大师的作品，令人震撼。最让我眼前一亮的是过去从未曾见过的“法美学”方面作品，感受到诗人席勒“只有通过美这扇清晨的大门，你才能进入认识的大地”之情怀。

① [美]列文森著，郑大华，任菁译：《儒教中国及其现代命运》，广西师范大学出版社 2009 年版，第 12 页。

2005年，《政法论坛》连载邓正来教授的长文《中国法学向何处去》，在法学界产生极大反响。什么是法学？中国法学向何处去？法学的科学生产性，成为中国法学成长中必须要面对和解决的问题。

回顾轴心时代（寻求轴心突破）：法学到底有没有科学性？2011年至今，舒师一直在研究“法学成长中的方法与知识谱系”，想从西方法学知识发生学角度寻找答案。他寻找法学的科学之路，试图求解当代中国法学发展方向的“戴逸之问”的解答。

舒师在对法学家普赫塔的法学建构的研究文章中专节论述**“法的生产性”**：在普赫塔看来，“法不仅仅是意志的产物，而且也是来自**抽象推导之概念的产物**，法学不仅仅在于研究所谓‘法学家们的一致意见’或法学家们的‘通说’，而更重要的在于研究一种‘建立在科学根据之上的意见’，它不纯粹是‘继受性的’，也不仅仅是解释制定法和习惯法，而像**其他科学一样，法学具有‘生产性’，负有‘一种生产性使命’**（如上所述，科学本身是一种法源）”[①]。“法学家必须一方面意识到该权利在法律关系体系中的地位，另一方面又必须把该权利的来源向上追溯至权利的概念，并从权利的概念向下追溯，才能得到此项权利，该权利的性质才会被完满地确定。”[②] 耶林论述“概念”的特性：“概念是生产性的，它们自我配对，然后生产出新的

① 舒国滢：《格奥尔格·弗里德里希·普赫塔的法学建构：理论与方法》，《比较法研究》2016年第2期，第9页。

② 舒国滢：《格奥尔格·弗里德里希·普赫塔的法学建构：理论与方法》，《比较法研究》2016年第2期，第9页。

概念。”[1]

耶林认为，“什么是法学，法学就是在法律事务中的科学意识”，“真正的科学所显示出来的特征，也就是一种永远不会满足于寻得某个事物而总是继续追寻的精神”[2]。耶林的观点与我国儒家经典著作《大学》所云“大学之道，在明明德，在新民，在止于至善”的精神是相通的。

陈寅恪在《冯友兰中国哲学史上册审查报告》的序言中说：“**其真能于思想上自成系统，有所创获者，必须一方面吸收输入外来之学说，一方面不忘本来民族之地位**。此二种相反而适相成之态度，乃道教之真精神，新儒家之旧途径，而二千年吾民族与其他民族思想接触史之所昭示者也。”

日本学者沟口雄三先生在《作为方法的中国》中写道：“我指出以世界为目的，正是因为预感到，为了构筑二十一世纪的世界观，和以往欧洲的‘国家’原理相对照的亚洲的‘社会’原理是必不可少的资源。这一‘社会’原理，用中国的说法也可称为‘天下’的原理或‘生民’的原理，即人与自然互相调和、人与人之间互相团结的民主大同的原理。”[3]

---

① 舒国滢：《格奥尔格·弗里德里希·普赫塔的法学建构：理论与方法》，《比较法研究》，2016 年第 2 期，第 9 页。

② ［德］鲁道夫·冯·耶林著，李君韬译：《法学是一门科学吗？》，法律出版社 2010 年版，第 58 页。

③ ［日］沟口雄三著，孙军悦译：《作为方法的中国》，生活·读书·新知三联书店 2011 年版，第 298 页。

沟口雄三先生代表了中国研究的“中国中心主义”的立场，其价值恰恰在于，在面对我们自身问题的时候又不能丢掉自己的“主体性”。

本书中提及的姚新华老师已于2017年荣退，在中国政法大学昌平校区本科课堂上，很难有机会聆听到姚新华老师的讲授，不禁令人有“广陵散”之叹。

“一本书主义”：静下心来搞清楚一两个小问题，产生知识增量，也比简单、粗糙地去编撰一部大块头的书，更有价值。姚新华老师、张俊浩老师，都是倡导“一本书主义”。1998年下半学期，在中国政法大学阶五教室，一向疏于打扮的姚新华老师，穿着西服、佩戴领带，站在讲台上，同学们热情地为他鼓掌，那是他的“阶五教室时刻”。

王人博老师更像古代书院里的老师，与弟子们具有某种古典式的伦理性的师生关系，王老师谆谆引导青年人理解生活和学问中的“宪制”与规矩：“说话不要太直，我的年轻的弟子们。荀子所云‘虽有矛戈之刺，不如恭俭之利也，……我年轻时对张之洞的‘中学为体，西学为用’的‘体用说’很反感，到了中年，则感佩他的睿智。”王老师“第二阶段的学术思想，主要表现为，对中国宪制思想的梳理，把晚清到民国时代的宪法、政制思想进行了解读，提炼出‘富强为体，宪法为用’，认为近代中国政治文化精英之所以引进宪法，所看中的并不是宪法本身的价值，而是宪法所可能带来的国家富强的效应”[①]，可谓是对张之洞“体用”说的传承和发挥。

青年一代士子的历史使命：发扬自己的新文化，创造此下的新历史。

孟庆延老师总结钱穆《中国历代政治得失》《国史大纲》中“社会学”的意涵：“士与中国社会”是全书的主旨，钱穆认为传统文化中的士，是中国历史中一条有力的动脉，并以传统士的标准，要求自己的弟子，承载士的使命与气象，开创此下的新历史。“教育的第一任务，便是要这一国家这一民族里面的每一分子，都能来认识他们自己的传统，发扬自己的新文化，创造此下的新历史。”

“你们应关注的是法学的大问题”，要创造自己文化的新历史，年轻士子，任重道远，置身法学成长、术业专攻的轴心期，前见古人，后见来者，方可获得精神动力与飞跃。让我们出发！

贾广芳

① 周睿志：《迟到的入门》。

目录

法理学卷

求解当代中国法学发展方向的“戴逸之问”——舒国滢老师访谈录 / 2

寻求“戴逸之问”的解答——舒国莹老师讲法理学导论 / 33

中国宪制史卷

宪法思想的溯源察流——王人博老师访谈录 / 54

“宪法”概念的起源及流变——王人博老师讲中国宪制史 / 66

附录 焦洪昌老师：宪法是一种语言，是每代人参与对话的语言 / 92

民法学卷 / 99

精准性思维要求的民法——刘家安老师访谈录 / 98

民法精准性思维的体现——刘家安老师讲物权法与债法总论 / 110

民事规范立法中的传承与创新——姚新华老师讲民法总论 / 130

刑法学卷

从规范行为的法学到规范秩序的哲学——方鹏老师访谈录 / 150
明辨法理，奉法为尊——方鹏老师讲规范刑法学 / 169

历史社会学卷

君子之道，有必不为，无必为——孟庆延老师访谈录 / 202
社会学中的历史维度——孟庆延老师导读《中国历代政治得失》《国史大纲》/ 217

后记 / 243

法 理 学 卷

求解当代中国法学发展方向的“戴逸之问”

——舒国滢老师访谈录

时间：2017 年 12 月 22 日

地点：中国政法大学

受访人：舒国滢，中国政法大学法学院教授，博士生导师

采访人：贾广芳，铭达律师事务所律师

法学究竟是什么样的学问？当代中国法学经历了怎样的历程？法学是幼稚的吗？中国法学到底走向何处？带着这些问题，笔者专程采访了中国政法大学法学院教授委员会主席舒国滢老师，让我们来聆听他的解答。

——贾广芳题记

这种经过无数代的私法（民法）学家呕心沥血（19 世纪的德国民法学家甚至按照“几何学方式”）建构起来的民法“教义学”知识，达到了与其他科学（甚至自然科学）几乎等同精致的程度（德国“学

说汇纂法学派”的理想本来如此)，以至于我们就把它们当作“法律科学”对待。你们要关注的，是法学的大问题，则华夏一族，终不因吾辈，而成为法学小国。

——舒国滢

一、中国法学走向何处?

贾: 20世纪80年代末，中国人民大学清史研究所的戴逸教授提出“法学是幼稚”的，以及“史学是危机的，哲学是贫乏的，经济学是混乱的”的判断。法学家们陷入疑惑：中国法学走向何处？您如何解读法学的这一状况?

舒: 戴逸先生指出了**中国法学存在的方向性的困惑**。最近十年，我研究的重心从法与社会科学、人文科学和哲学交叉研究，转向有关法学自身（特别是其科学性问题）的思考，我想弄清楚1977年我国法学学科恢复之后，走过了一段怎样的道路，以及中国法学到底向何处去。关于当代中国法学的发展，**我大体上有三个判断**。

第一个判断: 20世纪80年代，中国法学基本上处于“幼稚”的状态。由于众所周知的原因，法学学科在中华人民共和国成立后一直不曾彰显，到了“文化大革命”时期，几乎被撤销。所以，当1977年大学恢复招生时，法学几乎是一片空白。一直到20世纪80年代，中国法学界的整体知识状况是乏善可陈的。

法学是一门积累性的知识和学问，中华人民共和国成立后的政治氛围未能给法学学科的成长提供适度的空间。一大批民国时期的法学家由于被贴上“旧法人员”的标签而被打倒，或被清理出大学教师的队伍，他们所拥有的法学专业知识被长期闲置。当时从苏联学习借鉴过来的所谓“法学”带有强烈的意识形态色彩，知识含量不足，而对西方法学知识的引介几乎被禁绝。中国传统的“律学”不能直接转化为现代法学知识。凡此种种都表明，在恢复高考后的中国，法学缺乏必要的知识积累，某些领域在相当长一段时期没有合格的专业人才，所以，戴逸先生提出“法学是幼稚的”这一说法基本上符合事实（不过，板子打在当时的整个法学界身上也不一定公平，毕竟历史的欠账不能归咎于某个时代的某一批人），在那个时期，法学专业的任课教师以及学习法律的学生普遍感到“知识的焦虑”，人们渴望一夜之间找到突破口，冲出法学知识的樊篱，希望迅速弥补由于法学的荒废而留下的知识空白，法学界普遍弥漫着一种焦躁的情绪，“传统法学的批判”，“法学的革新”，“法学的转型”，“方法的革命”等成为当时的时髦口号，从事各个部门法研究的学者开始从废弃多年的民国时期的法学著作、教材以及当时中国台湾地区的学者的著述中吸取法学知识的营养，有点“饥不择食”的味道。

一批在 1977 年后上大学的迅速成长起来的年轻学者，试图通过无选择地翻译外国的法学著作，渴望在极短暂的时间内将“天下法学”尽收眼底。但应当说，这种急就章式的引介，不可能从根本上改变中国法学知识的面貌，当时甚至产生了这样一种“中国特色的法学”之奇特景观，即我们的制度偏向大陆法系，知识却取自英美法学，意识形态则来自苏联。这样的法学知识状况其实远远不能适应改革开放以后的中国在政治、经济、社会、文化以及国际交往等领域迅速变化的需要，可以说，当时中国社会的制度实践在倒逼着中国的法学者们，大家要急着改变知识被动的局面，所谓“时间不等人”，“只争朝夕”，“跑步前进”。然而，法学者知识与学养的不足不是靠一朝一夕的短时间努力就可以弥补的，法学的知识成长需要时间积累，需要一点一滴地吸收，缓步推进，大方向不能错。

这个大方向到底是什么呢？其实当时大家对这个问题的认识并不十分清楚，有点“摸着石头过河”的感觉，实践推着理论走，边学边干，活学活用。过后看来，在苏俄的意识形态法学（“维辛斯基法学”/“阶级斗争法学”）逐渐在中国法学舞台退场之后，当代中国不能直接从中国古代传统法律文化（“中华法系”）中接引“律学”作为现代法学知识的基础来源，不能把未经转化的“律学”知识直接应用于当下的实践，那么，这个时候，国人尝试着学习西方的法学知识，学习西方的规则治理技术和方法论，可能就成了一时之选。也就是说，制度实践（尤其是立法实践）逼着我们的法学者法学界重新面对西学，面对其实大体上我们（由于长期的闭关锁国）还相当陌生的西方世界（尤其是以罗马法学为基础的欧洲大陆）的法律学问和知识体系。

在我看来，这个时期的中国到了**认真建构"法律科学"**（德语：Rechtswissenschaft）的时候，因为**没有法律科学，我们的法律制度实践将永远在无休止的争议中进退徘徊！**因为我们缺乏积累，尚不能直接在本土马上创建一套自己独特的法学知识体系，那么借鉴比如以罗马法学为基础的欧洲大陆的民法、刑法概念、知识和原理来解释当下中国的制度实践，在此基础上形成中国的法教义学体系，或许是比较稳妥的道路。这样，中国学者必须先了解那些在欧洲大陆的民法和刑法教义学中已经通行百年甚或千年的概念和原理，消化这些法学知识，这成了当务之急。我把这个时期称为"法律科学的中国 / 汉语表达阶段"，其主要任务是准确地翻译法律科学中的大量外来语，让这些外来语融入到既有的汉语法律词库之中，为国人所熟悉和掌握。

上述任务其实是十分艰巨的（如果不是我们自己本身的原因，这个任务本该在民国时期完成）。20 世纪 80 年代的法学界承担不了这样的任务，或者说根本不具备完成这个任务的起码条件，最主要的原因是那个时候缺乏既通晓相关外语又具备合格法学知识功底的专门人才。人才的匮乏（或者说"人才荒"）在很大程度上制约着中国法学走向精致化、科学化的道路。

第二个判断：20 世纪 90 年代——专业法律学术成长的开始。20 世纪 90 年代伊始，随着中国改革开放的进一步深入，国家政治、行政、经济治理需要更为精细化、专业化的法律学术。不过，这个时期的中国法律制度建设的工作重心仍然放在立法上，法学知识的生产围绕着这个工作重心展开，司法实践的难题之解答并未成为法学知识成长的推动力，相反，“司法解释”取代了法学者们的理论思考，成为法律学术的圭臬，中国法学依附于解释体制的寄生状态，让法学进入了“无反思的学术”阶段，靠着某种日常惯性的方式演进，“注释法条”之风在法学界呈现出来，各类法律注释类读物充斥坊间，真正有学术含金量的专业法学著作不是很多，法学知识状况的改善不太明显。

这个时期的法理学界的讨论相对活跃一些。有关“权利本位”“义务本位”“法的价值”“人权”“法治”等理论问题的激烈辩论为日后“依法治国，建设社会主义法治国家”治国方略的提出做了理论准备。

一批五六十年代出生且在海外（主要是美国、日本等国家）留学或进修的法学者这个时候归国，执教于大学的法学讲坛，他们身怀在国外所受到的学术训练，尝试用新的理论和方法来解读中国的法律制度实践本身，为中国的法律学术注入了一股新的风气。比如，北京大学的朱苏力教授于1996年出版《法治及其本土资源》，后来又出版《送法下乡——中国基层司法制度研究》《道路通向城市——转型中国的法治》等著作，几乎用全新的视角诠释当下中国的法律主题，在当时的青年学子中产生很大的影响。一时间，“苏力风格”成为人们争相模仿的对象。我们可以说，在朱苏力之后，至少中国的法理学变得不一样了。

但客观地说，法理学就是法理学，它不可能取代正宗法学的研究。但到底什么是正宗法学呢？法理学与法学之间的边界在哪里？当我本人提出“正宗法学”概念的时候，其实整个法学界对于“何为法学”这个问题并未进行过真正严肃认真的讨论，法学者们大体上依然“按照各自所理解的法学”来进入“法学”这个未经限定的知识领域，大家几乎都在忙于“跑马圈地”，都在为中国法学未来的走向盲目地划界，都在争夺法学的话语权。20 世纪 90 年代刚刚出现端倪的专业法律学术是在“争执”与“漫无目标的追寻”中度过的。

第三个判断：2000 年—2010 年，中国的法教义学处于沉淀的时期。进入 21 世纪，几乎所有的中国法学者都试图为中国法学寻找发展的道路和方向，这可以从学者们的著述和相关的学术研讨会的主题中看出。比如，邓正来教授在《政法论坛》2005 年第 1 期至第 4 期连载长文《中国法学向何处去》，对中国法学在 1978 年至 2004 年这个时段作了“总体性”的反思与批评，在法学界引起反响；2005 年 5 月 28 日至 29 日，北京大学法学院和中国社会科学杂志社联合举办了“法律的社会科学研究”研讨会，朱苏力教授祭出“社科法学”的大旗，引来应和者众多；许章润教授于 2008 年创办《历史法学》杂志，试图在“中国与世界”的宏大场域，“通过省察民族国家法律生活的历史理性，揭示中国文明规范体系的比较文化意义，从而求裨于中国当下的艰难历史转型”。他于 2014 年出版《汉语法学论纲》，力图借“历史法学”之精神，为中国人世生活提炼和展现规范世界的意义之维，实现法学语言“中国化”之理想，他的情怀和奋斗精神同样受到普遍的关注。

（一）社科法学—正宗法学—法教义学

面对时代性的问题，我本人其实也在不断地思考，试图从法学知识内部找到求解之策。2005年，在北京大学召开的“法律的社会科学研究”研讨会上，我针对朱苏力等教授的“社科法学”的观点提出不同意见，认为中国法学应回到“正宗法学”的观点的轨道上，引起与会者的激烈批评，一些人认为根本不存在所谓“正宗法学”之说。在2006年6月10日召开的首届全国法学方法论论坛“实践理性与法学方法”学术研讨会上，我做了一个基调发言《并非有一种值得期待的宣言》，谈到当代中国法学面临的三个问题：（1）**法学是什么？**我们的法学有20余年的历史，但我们对什么是法学这个问题并不是特别清楚。（2）**知识生产无序化的现象**。当下法学知识的生产，形成了很多各自为政的“知识小众”，各自封闭地生产自己的产品，这很难形成成熟的法学知识共同体，法学难以保障自己的独立性。中国当下法学生产的知识产品就像一堆积木，轻轻一推就倒了。（3）**法学不能为实践提供智力支持**。基于这个判断，我提出三个建议：一是让法学的知识兴趣从“政策定向的法学”“立法定向的法学”**转向“司法定向的法学”**；二是法学视角返回实在法；三是法学向方法的回归。我们这个**时代需要法学方法论**。

但平心而论，这个时期，中国部门法学的知识形态正在悄然发生改变，其突出的特征表现在德语的“法教义学”这个词被法学界接受，成为一个热词。一时间，刑法学、民法学、行政法学、宪法学等领域开始广泛使用“法教义学”作为论文、论著的题目，几乎到了“无教义不成学”的地步。

（二）欧陆私法知识谱系研究得出三个结论

早在1995年，我在《比较法研究》杂志发表的《战后德国法哲学的发展路向》这篇文章中，就把德语“Rechtsdogmatik”译作“法（律）教义学”，后来在翻译出版罗伯特·阿列克西的《法律论证理论》（2002年版）一书中再次采用这一译法。尽管如此，说实话，当时我本人对“法教义学”一词的概念史研究得并不深入，过后几年，我才真正意识到，我所谓的“正宗法学”其实就是“法教义学”，我进而开始进入以罗马法学为传统的欧陆私法教义学之知识谱系的研究，即《法学成长中的方法与知识谱系》一文，我得出如下三个结论：**第一，法学本质上是一门教义学。在德国，法学就叫作法教义学。第二，法教义学本身是一门科学，或者被（法学者们）认为是一门科学。第三，作为科学的法教义学，研究对象就是法理（拉丁语叫作 ratio juris）。**

为什么法学被称为“法教义学”？这个词听起来怪怪的，我们中国人接受起来其实相当困难（不少知名学者曾当面指责我的翻译存在问题），不知其所云，一些人极力排斥用这个概念，有些人把法教义学等同于“法解释学”“法释义学”“规范法学”“法条法学”，等等，不一而足。我声明：首先，法教义学不能简单等同于“规范法学”，它与法哲学、法理学是一种学科上的区分，我们有时候会把某种意义上的法哲学、法理学学说（比如，汉斯·凯尔森的“纯粹法学”）称之为“规范法学”，如果我们认为**法学就是研究法律规范（其实是研究法律规范之中的法理）之学，那最好还是用“法教义学”称之更为妥帖**；其次，不能简单地把法教义学与“法解释学”“法释义学”“法条法学”画等号，尽管法学者的日常工作似乎就是在解释法律、解释法条，但这种解释并非简单地注释，而是**带有法律科学特有的体系——批判性的阐释**。**法学具有独立性，并非完全依附于法条**。如果法学家（比如，像德国“学说汇纂学派”学者那样）“按照**科学的方式建构”（比如，民法的）法教义学体系**，那么，这项工作则更是与法律适用中解释法律无关。

法学这门学问的性质，决定**法理的研究是一种“应然”（Sollen）的研究，其中纠结着法的价值和目的论考量**。

这个问题说来话长，我就长话短说，主要还是与法学这门学问的性质有关。刚才我讲到，法学研究的对象是法理，法理不是物理，后者是自然科学（物理学）的对象，自然科学（物理学）可以运用不可辩驳的（自然事物之）“公理”和定理作为前提来研究或揭示自然事物之间的关系规律（事物或事实之理），这是关于事物或事实之“是”（Sein）的研究，但法理似乎不具有这样的性质，法理虽然与事实有关，但它本身不是事实，因而首先不具有真假性，不宜以自然科学的那一套知识直接套用在它的身上。**可以这样说，法理的研究是一种“应然”（Sollen）的研究，其中纠结着法的价值和目的论考量，而法的价值和目的论考量会导致对于同一个事情或事实（比如，一物可不可以同时卖给两个以上的买受人）存在两个或两个以上（出于不同价值观和目的论的）完全对立的意见**，出现“甲说”“乙说”“大家说”似乎都正确的局面，甚至完全陷入“公说公有理，婆说婆有理”之“无路可走”的言说困境，这个时候，假如我们承认完全对立的意见都正确，其实对于事情（案件）的解决完全无益，也就是说，事情（案件）的处理完全就没有了根据。

经过论辩，找到通说，作为信奉的法学教义，形成处理事情（案件）的法理依据。所以，这个时候，在法学上就必须接受这样一种结果，即经过论辩（法学的任何意见几乎都必须经过论辩），**被大多数人认为有道理或正确（哪怕被暂时认为正确）的意见应当得到尊重，奉为法学上的“真理”，接受为“通说”（通行的意见），中世纪欧陆的法学家称之为“博士们的共同意见”**（communis opinio doctorum，有时也写作 communis doctorum opinio），亚里士多德早在《尼各马可伦理学》中使用一个词叫作 Endoxa，即“普遍接受的意见”，意思大体上差不多，**强调对于含有实践价值问题（当然包括法律问题）的议题，法学者必须找到“通说”，并像信奉宗教教义那样信奉经过论辩而得到普遍接受的“通说”**，这些通说在相当长的时间内如果没有被新的通说取代的话，那它们就是**处理事情（案件）的法理依据**，

就是“法教义”或“法原理”(比如,“一事不再理”,“买卖不破租赁”,等等),历史上比较成熟的法教义学体系(民法学、刑法学,等等)大体上都是按照这样的方式逐渐建构(积累)起来的。

(三)欧陆民法教义学的形成,历经千年以上

有的法教义学知识体系的形成需要更长的时间,比如,民法知识体系,若从古罗马时代算起,到19世纪德国“学说汇纂学体系”的形成,经历了千年以上的历史过程,这种经过无数代的私法(民法)学家呕心沥血(19世纪的德国民法学家甚至按照“几何学方式”)建构起来的民法“教义学”知识,达到了与其他科学(甚至自然科学)几乎同等精致的程度(德国“学说汇纂法学派”的理想本来如此),以至于我们就把它们当作“法律科学”对待。离开了这一套包含特有的法概念、原理(教义)、解释规准的民法知识体系,至少民法学者面对民事事务(案件)的处理时将无所适从。

(四)中国法学更多地继受于欧陆法教义学

法教义学在中国突然流行开来,并不是一两个人推动的结果。包括我自己,对法教义学知识谱系的研究也不过是最近几年的事情,尽管我从2003年起开始指导与法教义学相关的法学方法论方向的博士研究生,有些博士生甚至专门以法教义学作为论文题目,但不是说他们的研究突然改变了法学的面貌,而是中国法学(尤其是部门法学)到了知识更新、升级的阶段,这是一种法学知识本身发展到一定阶段的内在需求,也就是说,我们中国过去自己搞出来的一套法律知识还谈不上“科学”，对于当前法律实践（尤其是司法实践）中的难题缺乏应有的解释力和论证力，因而需要创建真正的“法律科学”！但这种“法律科学”的样板在哪里呢？我们首先会自觉或不自觉地把目光投向英美国家，因为在法学界通晓英语的法学者居多，他们阅读过不少英文文献，不过说实话，至少在民法和刑法这两个领域，尽管通晓英语的法学者也译介不少法学作品，但因为我国在民法和刑法方面的制度实践与英美国家有一定的差异，所以，有关英美私法学和刑法学的一整套概念和原理与我们过去从苏联、欧陆等其他国家（特别是德国）转化而来的知识和用语还不能直接对接上，它们是两套并非完全兼容的法律符号系统和方法论系统。这个时候，学者们把目光转向德国，德语的“法教义学”这个词抓住了我们学者的眼球，这是很自然的事情，学者们开始有意识地接受德国法教义学的一套知识和方法，学习并尝试重建中国的法教义学传统。

（五）中国法学的“法律科学的汉语表达阶段”

这个大方向总体上是值得肯定的，我说过，中国法学还没有完全超越“法律科学的汉语表达阶段”，那么，在这个阶段，谦虚地学习和吸收外来的（科学的）法学知识仍然是必要的，这一课早晚要补上，早补比晚补要好，现在不补未来也必定要补。早在一百多年前，沈家本先生在主持清末修律过程中，为了贯彻“务期中外通行”的修律方针，提出“参考古今，博稽中外”，认为欧美资本主义国家的法律，比中国封建旧律文明、进步，中国必须“取人之长，以补吾之短”，“彼法之善者，当取之，当取而不取，是之为愚”。

我们后来人如果早一点明白沈老先生的忠告，也不至于在法学和法治发展的道路上走了那么多的弯路。我注意到，有不少人对于中国引进法教义学知识和方法提出质疑，认为主张法教义学就意味着崇洋媚外。完全追随外国的理论，丧失主体性。或者认为法教义学过度精细以至于有封闭性和僵化的危险，脱离了实践，欠缺应有的社会关怀。其实，这些批评，恰好表明批评者不了解法教义学，也可以说是还没有真正搞懂法学这门学问的性质所致。（至于“崇洋媚外”“丧失主体性”之说，更像是百年前“勿变祖宗之法”之“礼教派”主张的翻版）

（六）法学是独特的实践性的学问，它会把实践问题首先转化为自己的专业知识问题来解决

法学必须有自己的一套概念、知识、方法和教义（原理），它必须有自己“精细的”或“精致的”学问体系，否则它恰好丧失了自己学科的独立性和主体性，但这不意味着它就是完全封闭的、不关怀社会实践的，相反，法学是独特的实践性的学问，它会把实践问题首先转化为自己的专业知识问题来解决，如果这些问题不能在自己的专业知识体系内解决，它当然会求助于其他学科，比如，哲学、历史学、社会学、经济学，等等。在这个意义上，这些学科都是法学的辅助学科。不过，这里有一个主次之分，不能因为法学与哲学、历史学、社会学、经济学等有关，我们就把它们直接等同于法学。我的研究发现，自从罗马法学以来，真正专业的法学家首先关心的是以前的专业法学家在法律问题上产生过什么说法，他们重视法学家自己创造的概念、知识、教义（原理），而不怎么特别关心以前的或同时代的哲学家、历史学家对于法律到底说了些什么（当然这也并非绝对），除非他们试图推翻以前的某种法教义、通说，或者为了别的论证目的，才会引述哲学家、历史学家等的法律论述，比如，一些法官会在自己的判决中引用哲学家、历史学家或经济学家的言论来增强自己判决的说服力。

在学习法教义学方法，创建中国自己的法教义学传统的过程中，一批“七零后”“八零后”的年轻法学者（留学欧陆国家、特别是留学德国的青年学者）是功不可没的。这主要得益于他们在国外所受到的学术训练，这一批年轻人与前几辈法学者的不同在于，他们系统地学习了外国的法学知识、理论、原理，通晓多门外语，取得了国外法学博士 / 硕士学位，接触到（比如，德国）的法教义学思维的精髓，了解外国教授们的法律解释、论证的方式和方法，知道他们的法典评注的做法，所有这一切都在不知不觉中改变了这一批年轻人的法学知识形态，他们运用所学习到的法教义学知识来观察中国的法律实践，自然会有其理论和方法的优势，这个优势在于法教义学本身所具有的精细化论证，它避免了以往那种“大而化之的”“粗放的”强词夺理或无理争论。但这中间也有一些不足，主要在于舶来的“法教义学”知识与中国实践问题解决之间存在脱节现象：带有学生腔调的“洋知识”遭遇到中国本土话语的阻击，有些“水土不服”，再加上“洋教义”与“洋案例”一并被引入，给本土派法学者以口实，说这些“洋教义”只适合外国，不适合中国。有人甚至认为法教义学只是一些“花拳绣腿”“样子货”，因而他们对此采取拒斥的态度。

（七）从系统地逐译西方（特别是欧陆国家）法学经典、权威的教科书、法学方法论著作到开展中国的“法典评释”，到积累“优质的”案例的技术解答

所以，在中国，要形成法教义学传统，还真的不是一朝一夕之事，仍然需要较长时间的沉淀。在这个过程中，需要做的事情很多，其中最主要的有以下几项：

第一，继续有系统地逐译西方（特别是欧陆）法学经典、权威的教科书、法学方法论著作。目前我们对西方（尤其是欧陆国家）的法教义学知识知道的不是太多了，而是远远不够，故而才有许多无谓的争论。

第二，条件成熟时，可以考虑开展中国的“法典评释”，这个工作不是简单地说明法典、法律条文的文字意思，而是运用法教义学知识对法典、法律进行批判性、系统性的解释，让每个条文在整个法体系内部的含义、适用条件、可能的漏洞以及弥补的方式得到完整的说明，只有这样的法典评释才会真正使法教义学对法律适用起到“监控作用”，**发挥法学作为科学在制度实践中的“稳定功能”“减负功能”和“检验功能”**。

第三，积累“优质的”案例。任何一个国家的法教义学之成熟都离不开法律实务家们的贡献，法官在判案过程中直接遭遇那些形形色色的疑难复杂案件，标准的法学教科书无法给出答案，这些案件不仅考验法官们的判案能力，而且也可能对整个法教义学理论、知识和方法提出挑战。这个时候，法律实务家应与法学理论家通力合作，找到破解这些疑难案件的技术性方案。这些“优质的”案例的技术性解答不仅具有实务上的价值，也具有法教义学的意义，使得“法学理论”与“法律实务”之间形成一个良性互动的机制（比如，在疑难案件的审理中，应当设立独立的“专家意见书”制度，由法院出面提请法学专家出具“专家意见书”，这种意见书对案件适用法律的问题发表独立的学术意见），这无论对于法学理论的成长，还是对于法官及其他法律家之实务技能的提高都是有益的。

二、关于法学学习及研究经历

贾：在中国法学知识转型过程中，您一定也经历了一个知识的前后变化，能否介绍一下这种变化？或许您个人的经历具有某种代表性。

舒：我是1979年进入北京政法学院学习法律的，你可能也知道，我们那一代人最初怀揣着文学的梦想，大学志愿表中基本上首选中文系或新闻专业，不过我最终还是误打误撞地进了法律系。

刚才我已经讲了，那个时候，大学法律系能够传授给学生的法律知识比较有限，学习资料主要来自20世纪50年代从苏联引进的教材，其知识老化、思想陈旧，基本上是一些意识形态的说教。平心而论，那时法学的课堂教学也并没有多少吸引力。一直我到1983年读法理学专业的研究生，甚至到1986年毕业当大学老师时，我一直在寻找对法学的兴趣，试图让自己喜好法律之学。

（一）在德国哥廷根大学进修

1993年10月，我获得去德国哥廷根大学进修法哲学与法社会学的机会，这是我学问人生的一个重要转折点，极大地改变了我对法学学科的认识，对我个人后来的法学研究产生了很大的影响。

哥廷根大学创办于1734年，最初以法学闻名。18世纪德国著名的公法学（国家法学）大师约翰·斯特凡·皮特曾于此执教半个世纪，吸引了大批学生前来求学，奥地利首相克莱门斯·梅特涅和柏林大学的创办者威廉·冯·洪堡都是他的学生。至1837年建校100年时，哥廷根大学因每年法学院注册的学生几乎占全校在读学生人数的一半以上而被称为“法科大学”。哥廷根大学也因此成为18世纪“德国公法学的麦加”。此后，一些著名的法学家、人文社科的学者在哥廷根大学任教或毕业于此校，其中包括：德国历史法学派的奠基人古斯塔夫·胡果，历史法学派创立人之一的卡尔·弗里德里希·艾希霍恩（另一位创立人即大名鼎鼎的弗里德里希·卡尔·冯·萨维尼，他也曾在哥廷根大学短暂地学习过），著名民法学家鲁道夫·冯·耶林，“现代国际法之父”拉萨·奥本海、德国著名诗人海因里希·海涅，童话作家、语言学家格林兄弟（雅各布·格林和威廉·格林），社会学家马克斯·韦伯，著名哲学家阿图尔·叔本华，现象学的奠基人埃德蒙德·胡塞尔，法兰克福学派代表人物尤尔根·哈贝马斯，当代著名民法学家卡尔·拉伦茨，等等。在自然科学方面，哥廷根大学更是人才辈出，群星灿烂。“数学王子”“正态分布”理论的创立者卡尔·弗里德里希·高斯，数学家波恩哈德·黎曼、菲利克斯·克莱因、大卫·希尔伯特，第一批原子弹制造者罗伯特·奥本海默，物理学家马克斯·普朗克、沃纳·海森堡、马克斯·玻恩，钱学森的导师西奥多·冯·卡门等，这些著名科学家都出自哥廷根大学。据统计，到2016年，已有40位诺贝尔奖得主曾在哥廷根大学学习、任教或从事研究。可以说，就像哥廷根火车站站牌所标识的那样，哥廷根乃是一座名副其实的“科学城”（Stadt der Wissenschaften）。

我到哥廷根的时候，正是哥廷根大学法学院的法学学科发展历史上的最好时期之一，我有幸聆听到了一些有名的法学教授以及其他学科的教授的课程，其中包括法哲学教授、国际法哲学与社会哲学协会主席拉尔夫·德莱尔，哲学教授、分析哲学的大师京特·帕茨希（他们两人曾联合培养了若干位法哲学博士，其中有的成了著名的法学家，比如，基尔大学公法与法哲学教授罗伯特·阿列克西），民法学教授、卡尔·拉伦茨的弟子（据说也是拉伦茨的女婿）乌韦·迪德里希森，罗马法学教授奥科·贝伦茨，行政法学教授克里斯蒂安·施达克，这些教授们学富五车，讲课时声如洪钟，使人醍醐灌顶。最让我膜拜的是，当时的哥廷根还有一位与卡尔·拉伦茨齐名的法学大师，他就是欧洲法学界著名的罗马法与民法史大家弗朗茨·维亚克尔，他所著的《近代私法史》堪称百年不遇的法律史经典。说起来有些遗憾，1993 年我去德国之前，拉伦茨在慕尼黑逝世（1993 年 1 月 24 日），1994 年我从德国回国之前，维亚克尔在哥廷根逝世(1994 年 2 月 17 日)，两位大师前后不到一年相继离开人世，我与他们失之交臂，未能亲眼得见他们，真是令人遗憾。

“只有通过美这扇清晨的大门，你才能进入认识的大地”。还是回到我在哥廷根求学的经历以及我回国后的学问关切。哥廷根大学法学院图书馆藏书非常丰富，仅法哲学方面的著作就有数万卷，在那里甚至能够找到 17 世纪的一些作品，看到书架上一排排齐全的法哲学大师的作品，不能不令人震撼，令人肃然起敬。最让我眼前一亮的是那些过去从未曾见过的“法美学”作品：比如，《格林童话》的作者雅各布·格林于 1816 年在萨维尼创办的《历史法学杂志》上发表的长篇论文《论法之诗》，从诗性的法律语言、法律象征、诗歌形式等诸多角度考察了法律与诗歌之间的关系以及德意志古法中的诗性规则（法律的韵律）。他在文章的开篇即指出法和诗相互诞生于同一张“温床”。两者的起源都建立在两种本性之上：一种建立在惊奇之上，一种建立在信奉之上。诗中蕴含有法的因素，正像法中也蕴含有诗的因素一样。当我读到这些文字时，似乎突然有了德国18世纪伟大的诗人约翰·克里斯托弗·弗里德里希·冯·席勒所说的那种“只有通过美这扇清晨的大门，你才能进入认识的大地”之情怀与感觉。使我读来同样感觉耳目一新的作品还有：奥托·冯·祁克的《德意志法上的幽默》(1871年)，约瑟夫·柯勒的《在法学舞台前的莎士比亚》(1919年)，齐特尔曼的《作为艺术的法学》(1904年)，T·施泰因贝格的《法律中的笑话》(1938年)，G·缪勒的《我们民族诗歌中的法与国家》(1924年)，A·巴拉赫的《法律和想象》(1912年)，汉斯·费尔的《绘画上的法》(1923年)、《诗里的法》(1931年)、《法律中的悲剧》(1945年)，H·施托克哈默的《作为科学的美学和法学》(1932年)，H·特里佩尔的《论法的风格：法美学文集》(1947年)，H·马尔库斯的《法的世界与美学》(1952年)，等等。上述著作使我摒弃了“法学是平淡的、干瘪的法条，是就法条谈法条的技术工种”之偏见，真正感受到法学是有思想品位、有魅力的，是古老高深的学问，具有思想和审美上的吸引力。

（二）影响：编撰法美学的资料，翻译拉德布鲁赫的著作

1994年回国之后，我开始整理法美学的资料，先后撰写了《从美学的观点看法律》《法律与音乐》《时间结构中的法律》《法律的地理空间》《从“司法的广场化”到“司法的剧场化”》《我们这个时代需要什么样的法律精神？》《制度之“墙”》《法典的诱惑》《在都市的法律中生活》《艾克·冯·雷普高与〈萨克森之镜〉》《浪迹于法与童话之间——雅各布·格林印象》《莱纳河边的法学家们》等文章，并于2000年将这些文章结集，以“在法律的边缘”为书名出版。同时，有感于德国法学家古斯塔夫·拉德布鲁赫在法美学上的贡献，我一度沉迷于其学问人生，遂将他的《法律智慧警句集》和阿图尔·考夫曼所著的《古斯塔夫·拉德布鲁赫传》翻译出版，试图让中文读者多少领略到拉德布鲁赫之“思考的严谨与陈述的华丽的圆融”的精神气质、“语言既绵密厚重、又简明扼要，既直白清朗、又纯真朴实”（阿图尔·考夫曼语）的表达风格。

（三）译介有关德国的法学方法论、法律论证理论书籍

但我很快中断对拉德布鲁赫的研究，原因是尽管我意识到拉德布鲁赫的思想（受西南德意志哲学影响的相对主义法学）很重要，与我们东方人的思想很接近，立意高远，微言大义，看问题富有深刻的洞见。其作品语言典雅、极具美感，而且我后来结识的日本札幌学院大学法学部的铃木敬夫教授（他也是拉德布鲁赫学问的痴迷者，他曾经对我说他“对拉德布鲁赫的研究是一种精神的宿命”）也一直希望并鼓励我组织人翻译拉德布鲁赫全集（此项工作一直延宕，顺便说一句，近年来我与阿图尔·考夫曼的弟子、法兰克福大学的法哲学教授乌尔弗里德·诺伊曼准备联合主编和翻译拉德布鲁赫的系列著作，读者不久将会读到拉德布鲁赫的一些重要著作以及其他学者的相关研究作品），但当时我意识到自己有更重要的事情要做，德国的法学方法论、法律论证理论等可能是我国法学界所更亟待了解的领域。于是，我从 2001 年开始着力于这方面的研究，相继翻译出版了罗伯特·阿列克西的《法律论证理论》（2002 年）、欧根·埃利希的《法社会学原理》（2009 年）、菲韦格的《论题学与法学》（2012 年）等著作，翻译这些著作为我日后开展欧洲大陆的法学知识谱系的研究奠定了基础。

三、法教义学是一门科学吗?

贾: 说起欧洲大陆的法学知识谱系的研究，您为什么要研究这个问题呢？其价值到底何在？为什么您不同时研究英美法系的法学知识谱系？这样就可以有一种比较性吗？另外，鲁道夫·冯·耶林曾著有《法学是一门科学吗？》一书，辨析法学的科学性问题。老师您刚才也谈到“法教义学本身是一门科学”，国内学界对此可能会有不同的声音，那么，您到底如何看待上述问题呢？

舒: 我从 2011 年后开始将关注点放在“论题学法学”上（之前本人曾写过一篇文章《寻访法学的问题立场——兼谈“论题学法学”的思考方式》，发表于《法学研究》2005 年第 3 期，但过后因有其他写作和翻译任务而中止对该主题的进一步研究），这可能与要翻译菲韦格的《论题学与法学》有关。该书德文版于 1953 年出版，本身并不厚重，只有 10 万字左右，但它讨论的主题却震惊了西方学术界：被西方世界几个世纪以来遗忘殆尽的古代“论题学”（Topica）及其与法学之间的亲缘关系被菲韦格以简略的文字再度呈现于世人面前，一时间引起包括法学、修辞学、历史学、逻辑学等学界的兴趣，学者们为此讨论达 20 年之久。

菲韦格试图接引亚里士多德、西塞罗等人的论题学，提出依靠一套作为“一种问题争论的特定程序”的可行的实践理论来弥补当代“公理－推演体系”的不足，崇尚德国哲学家尼克莱·哈特曼所称的“困局思考方式”，认为法学的总体结构只能由问题来确定，它的构成部分、它的概念和命题必须以特定的方式与问题保持关联，因此只能从问题出发来加以理解。为了证明这一点，他在罗马市民法、“意大利方式”以及当代民法学中寻找演绎体系失灵、论题学方法得到适用的例子。

应当说，菲韦格的论点是有吸引力的，他借助历史的材料直接讨论法学这门学问的性质，这促使我思考：**法学是一门什么样的学问？人们常说，法学是一门社会科学，那么这种说法对不对呢？**为了求解这个问题，我想完全沿着菲韦格开出的路径探索论题学法学，打算以此为主题写一本著作。

然而，当我深入至“论题学”的内部，则发现这个领域简直就是一个无底洞，其牵涉古希腊哲学、逻辑学、修辞学、罗马人的论证技术（决疑术）和罗马法学的流变，涉及中世纪的“七艺”教育、经院哲学、罗马法的复兴、中世纪法学流派的嬗变、近现代法学知识成长的动力等复杂问题的研究，此时，我感到菲韦格的《论题学与法学》的内容有些单薄了，尤其是对许多法学史问题点到为止、浅尝辄止，远远不能满足我的求知兴趣。比如，论题学与修辞学到底是什么关系？亚里士多德的《论题篇》与《修辞学》所讨论的问题哪些有交叉点、有哪些不同？西塞罗的《论题术》到底研究些什么问题？它与亚里士多德的论题学之间到底有哪些相同、有哪些差别？罗马法学在多大程度上运用了论题学技术？罗马法在中世纪早期灭失之后，中后期又经历了怎样的复原过程？在这中间，论题学起了什么样的作用？论题学技术是在什么时候衰落的？其原因是什么？论题学衰落之后的法学又运用了什么样的论证技术，以及这些技术遇到了什么样的问题？上述这些问题，菲韦格的著作并没有作出充分的解释。

于是，我把目光投向了那些对法律史、法学史有精深研究的法学大家，比如，弗里德里希·卡尔·冯·萨维尼、鲁道夫·冯·耶林、特奥多尔·蒙森、弗里德里克·威廉·梅特兰、保罗·维诺格拉多夫、弗里茨·舒尔茨、弗朗茨·维亚克尔等，希望从他们的著作中获得关于法学知识形成与发展之谱系的答案，而只把论题学作为促进法学成长的众多知识线索（哲学、逻辑学、修辞学、语法学等）之一。

（一）法学知识成长之谱系的研究：从罗马法学的成长、欧陆中世纪与近代法学流变中的方法论因素，到考察近代自然科学推进的法学范式，到 20 世纪法学知识与方法的转型

这样，我的兴趣就变成了对法学知识成长之谱系的研究，从西方古代修辞学的辞源、主旨与技术入手，经过对亚里士多德“论题学”的考辨和西塞罗的《论题术》之思想的分析、古代修辞学上的“争点论”的探赜，研究决疑术的方法、渊源与盛衰，然后借此考察罗马法学的成长、欧陆中世纪与近代法学流变中的方法论因素（《学说汇纂》的再发现与近代法学教育的滥觞、释法学派的方法与风格、评注法学派的兴起以及它的贡献与危机、人文主义法学派的方法论与知识谱系）、近代自然科学推进的法学范式（自然科学的挑战与法学的因应——理性主义自然法学的范式及影响、18、19 世纪之交的法学之历史主义转向、德国历史法学派与“学说汇纂学”的兴起）以及 20 世纪法学知识与方法的转型(法学的实践走向：从“概念法学”到“评价法学”、法学上的修辞学－论题学思潮、实践取向的法律论证理论，等等)。

这个研究初看起来好像是法学史、法学流派之发展的探索，其实我真正的关怀是：法学到底是一门什么样的学问？我们中国所要学习借鉴的法律科学、法教义学本身到底经历了怎样的过程？各个时代的法教义学家们到底遭遇到了什么样的难题？他们是怎样解决这些难题的？说到底，我想从西方法学知识发生学角度，对“法学到底有没有科学性？”寻找答案。

出于这样一种学术关怀，我就不能像上述那些法律史大家那样“白描式地”处理法学史的素材或者用过多的笔墨来描述法学上的“事件”，而是以“一个中国人的关切”视角去看待历史上的西方法学，我把法学家们的著作、学说、流派的流变等均作为寻求解答法学性质之问的“素材”。应该说，这样的素材在历史上积累甚久，其浩如烟海、汗牛充栋，任何一个人都不可能在有限的时间内完全妥善地掌握和处理这些素材，这样，研究者就必须按照研究的目的来进行取舍。

基于以上的考虑，我在研究框架和素材取舍上作了一个限定，即重点**以罗马法学为基础的欧陆私法（民法）学作为样本来考察法学知识与方法的谱系，试图从中找到法学作为一门科学的“历史因素”和“哲学因素”，寻求其科学性**。我的想法是：如果我们弄清楚了历史上的私法（民法）学中所包含的科学性，那么也就大体上能够说明法学的科学性之意义。鉴于问题的复杂性，选取多法系、多法学领域作为样本进行深入讨论，我目前还没有这个水平，而且这样做，还担心使研究的主题陷入混乱。因此，英美法系的法学知识谱系，刑法学、宪法学、行政法学、诉讼法学等部门的法学知识谱系，均不在我既定的研究框架之内，这纯粹是迫不得已的选择。

（二）“法教义学是一门科学”的八条理据

我的研究总体上得出结论：法学本质上是一门教义学，而法教义学本身是一门科学，或者被（法学者们）认为是一门科学。为了证明这一点，我提出如下八个方面的理由：

第一，法学的发展是渐进的、积累性的。任何一种后来时期的法学都是在前一个时期或更早的若干时期的法学基础上发展，任何的法学都不可能跳脱出这种历时性传统的路径依赖，更不可能超越历史的框限。后来的法学都是在继承和发展以前的法学之基础上不断充实和丰富的。

第二，法学的提问首先受到现行法秩序的限定：由于法律问题是在法律的适用中发现的，司法裁判所诉求的法学必然要在现行法秩序内寻求解决法律问题的答案。因而，“尊重现行法律规范”同时成为司法裁判所诉求的法学（实践取向的法学）达成理论约定的基础或前提。

第三，法学应对实践性问题、解决实践性问题，它不可能完全属于纯粹的理论，按照自然科学的范式来加以建构；法学是教义学的，因为它必须建立在理论约定的基础上，必须具有约束力的理论规则，否则法学就不能成为一门系统的、独立的、实践性的学问。

第四，没有教义学指导的法律实践是混乱的，而没有实践性推动的法学并非真正的法学。人们可以将“法学”之名安置在各自提出的任何理论上，但假如不是受法律实践的推动，这种安置可能是无意义的。法学之命名，也是一种建立在有约束力的理论规则之上的集体约定行动，而非个人的恣意行为。

第五，为了对现实而急迫的法律实践性问题提供有效的、统一的（甚至是正确的）答案，为了获得对法的世界的稳定的理解，法学家们不得不按照教义学的规则和方式来构建法学，形成法学的规则和范式。或者说，教义学传统确立了法学范式（Paradigm of jurisprudence)：它为现实的法律生活关系确立统一的概念，建立法律概念和法条解释的规则，确立基本的法律原则，规定裁判的方式和标准，限定法学的述说方式和方法。不按照教义学传统来建构法学，很可能是“走调的法学”，而“走调的法学”很难在法学知识共同体内部获得认同，也难以归于真正的法学之列。

第六，在法学的知识生产中，法学家们必须遵循“法学范式”，它是法学家或法律家在一定时期内从事解决法律问题之活动的理论框架，它是一定时期法学知识共同体的法律实践的前提，是该共同体一致信从的法学基本理论、信念、方法、标准等构成的集合。法学范式是伴随着职业法律家阶层（包括法学家阶层）的形成而逐渐形成的，它并非完全由所谓法学理论家所创造，也并非仅由法学理论家予以信奉和遵守，而是由整个法律人共同体共同创造并加以遵从的。

第七，法学范式为法学家或法律家发现、分析和解决法律问题提供至少在一定时期内可以作为通行标准的解答方案，这在一定程度上可以避免无理的争论，简化论证的程序，减轻论证的负担，使法学对于法的世界保持某种稳定的、可以通约的理解方式。从法教义学的角度看，任何人都不可能无视以往的法律学说、原理而独自地提出一套纯属“私见”的法学理论。任何一种法学理论的提出，都必然与以往和现下接受的法学范式进行对话：要么在法学范式之内思考和述说，要么提出对抗现行法学范式的理由，重新确立法学范式。法教义学作为制度化推动的法学也规定了这种知识形态的公共运用性质，法学范式不仅是任何法学研究者个体必须持守的一种理论框架，也是整个法律人对法学知识之公共运用的典型形式。在这一点上，法学范式排斥对法学知识的毫无根据、毫无理由的私人滥用。因为毫无根据、毫无理由的私人滥用不仅会破坏法学知识共同体共守的法学范式，而且很可能造成对法的世界理解的混乱和不稳定。

第八，法学范式并非是一成不变的。在历史上也经常会发生从某个法学范式向另一个法学范式的转变，这是一个新旧法学范式更替的过程。新旧法学范式的更替实际上是新法学范式不断地取代旧法学范式的过程，但这个过程也不是以任何个人的好恶所决定的，它取决于推动法学发展的社会条件和制度性条件，取决于法学知识共同体在特定时期的“期待视域”和“容忍视域”的变化。在法学知识共同体的期待视域和容忍视域没有变化之前，业已形成的法学范式就是有效通行的。法学知识共同体的“期待视域”和“容忍视域”的变化同样不受法学家个人意愿的左右：法学家个人可以通过提出新的法学理论来影响整个法学知识共同体的“期待视域”和“容忍视域”，但不可能任意取而代之。新法学范式取代旧法学范式，不仅意味着新法学范式在竞争力上超过旧法学范式，而且意味着新法学范式业已被某个时期的整个法学知识共同体或至少该共同体中的大多数成员所接受。

但愿中国的法学界在上述问题上能够形成共识，按照法学这门特殊的科学的方式来建构中国的法教义学，确立自己的法教义学传统。如果真的到了那一天，中国人真的做到了像德国人一样“通过罗马法，但超越罗马法”，那么我们就可以自豪地说：中国的法学绝非是幼稚的，而是真正的科学！

寻求“戴逸之问”的解答

——舒国滢老师讲法理学导论

如何遵循法学这门特殊的科学的方式来建构中国的法教义学，确立自己的法教义学传统，并探究如何使中国法学走向科学，寻求“戴逸之问”的解答。

民法“教义学”知识，达到了与其他科学（甚至自然科学）几乎等同精致的程度，以至于我们就把它们当作“法律科学”对待。

舒师讲解法理学的重心在于，法知识的生产方式，在国家法学的成长期，学者应当做些什么，怎样做，并如何使中国法学走向科学。

——贾广芳题记

2015 年冬季学期，舒师在法理学课堂上，提及戴逸之疑：20 世纪 80 年代末，在全国“两会”上，历史学家、中国人民大学教授戴逸先生声言，“法学是幼稚的、哲学是贫乏的、史学是危机的、经济学是混乱的”，用来概括我国整个社会科学的落后状况。就法学的落后而言，还不仅仅是幼稚的问题，在一定程度上同样存在着贫乏、危机和混乱。舒师认为，积累 20 年法学研究，其成果可以反哺其他社会科学研究。

一、21 世纪初期法学研究现状

第一，法学知识的生产过程无序，难以形成成熟的法学知识共同体。

第二，法学没有为法律实践（尤其是司法实践）提供足够的智力支持。

“这一现象，类似于贺麟在民国时期写的《五十年来的中国哲学》一书辛辣地指出：我们学习西方哲学的经过，仍然是先从外表、边缘、实用方面着手。功利主义、实证主义、实验主义、生机主义、尼采的超人主义、马克思的辩证唯物论、英美新实在论、维也纳学派，等等，五花八门，皆已经应有尽有。然而代表西方哲学最高潮，需要高度的精神努力才可以把握住的哲学，从苏格拉底到亚里士多德，从康德到黑格尔两时期的哲学，依然少有人问津。**考察其思想言论，他们并未把中国哲学向前推进一步。**”[①]

几乎所有的中国法学者都试图为中国法学寻找发展的道路和方向，这可以从学者们的著述和相关的学术研讨会的主题中看出。比

① 转引自《中国需要什么样的法理学》，《中国法律评论》，2016 年第 3 期。

如，2005 年第 1 期至第 4 期《政法论坛》连载邓正来教授的长文《中国法学向何处去》，对中国法学在 1978 年至 2004 年这个时段作了“总体性”的反思与批评，在整个法学界引起反响，在法理学界影响最为强烈。

2005 年 5 月 28 日至 29 日，北京大学法学院和中国社会科学杂志社联合举办“法律的社会科学研究”研讨会，法学界以北京大学朱苏力教授为代表的“社科法学”派认为，对法律——社会经济法进行研究才是法学研究的主要方法，例如，“在北大的法理学科，法社会学始终处于一种强势地位，北大的法理学者更多地是从社会学的角度来研究法理”①。

中国需要怎样的法理学？在 2016 年《中国法律评论》组织研讨的“中国需要什么样的法理学”会议上，季卫东教授发言：“我始终认为现阶段中国法学研究，包括法理学的一项最重要的任务还是加强法律适用的推理和解释环节，甚至还很有必要，在法律职业共同体内部鼓励法教义学的规范思维方式，否则法治原则也根本无法落到实处。”②

“要进行真正的法理学专业研究，即必须知道这个专业里面最基本的行规，它的逻辑以及它的理论。什么是法理学的行规或理论呢？也就是说，你应该知道法理学大家在研究什么，他们所研究的东西

① 陈兴良：《为学感悟——从刑法适用的教义学方法谈起》，中国社会科学网。

② 季卫东：《中国需要什么样的法理学》，《中国法律评论》，2016 年第 3 期，第 4 页。

就是法理学，如果能够精通三至五位这样学者的理论，那么，就可以完全摆脱民间科学爱好者水准”。[①]

二、重建中国的法教义学传统

学者们开始有意识接受德国法教义学的一套知识和方法，学习并尝试重建中国的法教义学传统。

（一）法教义学应当是法学的主要知识形态

“中国政法大学的法理学科对法教义学有比较深刻的研究；主张法教义学的学者认为，法学研究的核心是解释法律，为司法活动提供规范引导，因此法教义学应当是法学的主要知识形态。”[②]

1. 1995 年，“法教义学”首次被译介到中国[③]

早在 1995 年，舒师在《比较法研究》杂志上发表的《战后德国法哲学的发展路向》这篇文章中就把德语“Rechtsdogmatik”译作“法（律）教义学”，也称“教义学法学”，“是德国 19 世纪兴起的、研究某一特定法律体系或子体系（法律语句命题系统）的实在法理论。或者说，它是一门法律概念和法律制度的自成体系的基础学问”。

经多年的研究，舒师确认所谓的“正宗法学”其实就是“法教义学”，进而开始进入以罗马法学为传统的欧陆私法教义学之知识谱

---

① 舒国滢：《中国需要什么样的法理学》，《中国法律评论》，2016 年第 3 期，第 4 页。

② 陈兴良：《为学感悟——从刑法适用的教义学方法谈起》，中国社会科学网。

③ 参见舒国滢：《战后德国法哲学的发展路向》，《比较法研究》，1995 年第 4 期，第 353～354 页。

系的研究，得出如下三个结论：第一，法学本质上是一门教义学。在德国，法学就叫作法教义学。第二，法教义学本身是一门科学，或者被（法学者们）认为是一门科学。第三，作为科学的法教义学，研究对象就是法理（拉丁语叫作 ratio juris）。

2. 法教义学的建构传统

经过论辩——得出被大多数人认为正确的意见——奉为法学上的“真理”，接受为“通说”——法理依据（法教义）：**法理的研究是一种“应然”（Sollen）的研究，其中纠结着法的价值和目的论考量，**而法的价值和目的论考量会导致对于同一个事情或事实（比如，一物可不可以同时卖给两个以上的买受人）存在两个或两个以上（出于不同价值观和目的论的）完全对立的意见，出现“甲说”“乙说”“大家说”似乎都正确的局面……这个时候，在法学上就必须接受这样一种结果，即，经过论辩（法学的任何意见几乎都必须经过论辩），被大多数人认为有道理或正确（哪怕被暂时认为正确）的意见应该得到尊重，奉为法学上的“真理”，接受为“通说”（通行的意见），中世纪欧陆的法学家称之为“博士们的共同意见”。

“含有实践价值问题（当然包括法律问题）的议题，法学者必须找到‘通说’，并像信奉宗教教义那样信奉经过论辩而得到普遍接受的‘通说’，这些通说在相当长的时间内如果没有被新的通说取代的话，那它们就是处理事情（案件）的法理依据，**就是‘法教义’或‘法原理’。历史上比较成熟的法教义学体系（民法学、刑法学，等等）**

大体上都是按照这样的方式逐渐建构（积累）起来的。”[1]

民法教义学，达到了与其他科学（甚至自然科学）几乎**等同精致的**程度，我们把它们当作**“法律科学”**对待。

法学民法学科作为一套知识体系，是历经千年来的检验，并在实践基础上将知识理论适用于社会行动中，不断调整、修正形成的，**民法是最接近教义学的学科，其他法教义学的发展中，基本上是参照了这个样本**。

3. 部门法学中的教义学

21 世纪，中国部门法学的知识形态正在悄然发生改变，其突出的特征表现在德语的“法教义学”这个词被法学界接受，成为一个热词，一时间，刑法学、民法学、行政法学、宪法学等领域开始广泛使用“法教义学”作为论著的题目。

北京大学陈兴良教授倡导的刑法教义学：陈兴良教授演讲中总结自己的研究历程：“我本人的研究存在从刑法哲学向刑法教义学的转换，刑法哲学史对刑法价值和根基的一种形而上的考察，它不是刑法的主体，刑法知识的主体应当是刑法教义学。……‘教义’或者信条一词来自于宗教，它最初的含义是指宗教中的教义，法学中的教义是采用了宗教中教义一词的含义，但具有引申的意义。宗教中的‘教义’是不能辩驳，不能质疑，不能批评的，它是信仰的对象。宗教中的教义被不同解释就形成了不同的宗教流派，我们现在所说

① 陈兴良：《为学感悟——从刑法适用的教义学方法谈起》，中国社会科学网。

的解释学也是从宗教中产生的。”[①]

“将宗教中的‘教义’一词引入法学包括刑法学，是指将刑法规范本身确定为一种不能批判的教条，认为它是先天正确的，在此基础上对法律规范进行解释，引申出教义，以满足司法实践对法律规范的需求，这就是刑法教义学。”[②]

“这里存在的教义和信条两个词都是对希腊的‘Dogma’一词的不同译法。德国刑法学家罗克辛教授曾说，刑法教义学是研究刑法领域中各种法律规定和各种学术观点的解释体系化和进一步发展的学科，因此**刑法教义学是以刑法规范为逻辑出发点，进行体系化解释而形成的刑法知识的融合。**”[③]

（二）法教义学仅仅是注释法典的学问吗？[④]

法教义学确定法学的机制和问学方式。

1. 法教义学研究什么样的法律问题？

（1）法律问题主要是在法律适用（司法）中被发现的。

（2）在法律的制定（立法）中，立法者可以预见法律问题，并尽可能以符合其能力的计划方案在立法中避免法律问题的出现。立法者的实际工作可能留有诸多实际的法律问题，但他们从目的和意图上不是故意制造法律问题，而是力图像他们所设想的那样避免出

① 陈兴良：《为学感悟——从刑法适用的教义学方法谈起》，中国社会科学网。

② 陈兴良：《为学感悟——从刑法适用的教义学方法谈起》，中国社会科学网。

③ 陈兴良：《为学感悟——从刑法适用的教义学方法谈起》，中国社会科学网。

④ 舒国滢：《法哲学沉思录》，北京大学出版社 2010 年版，第 35 页。

现法律问题，或者至少尽量减少法律问题的发生。立法的理念是：立法无问题。

（3）从司法裁判的角度看，法律问题可以分解为三个维度的问题：a. 规范问题；b. 事实问题；c. 规范与事实的对应问题。

2. 规范问题，当特定的单一法律规范或特定的一组法律规范，甚至整个法律体系需要确证、解释和证成时，我们就把这样的问题称为规范问题。

3. 事实问题，当特定的单一事实或特定的一组事实需要从法学上加以解释和确证时，我们就把这样的问题称为事实问题。

4. 规范与事实的对应问题，当运用特定的单一法律规范或特定的一组法律规范、甚至整个法律体系对特定的单一事实或特定的一组事实进行认定、寻找它们之间的联结点或逻辑关系时，我们就把这样的问题称为规范与事实的对应问题。

5. 无论如何，现行法律规范所形成的秩序（总称为现行法秩序）与实际存在的法律事实之关联，必然成为法学所要讨论的中心问题。

6. 没有教义学指导的法律实践是混乱的，而没有法律实践推动的法学并非真正的法学。

7. 为了对现实而急迫的法律实践问题提供有效的、统一的（甚至正确的）答案，为了获得对法的世界的稳定的理解，法学家们不得不按照教义学的规则和方式来建构法学，形成法学的规则和范式。

8. 或者说，教义学传统确立了法学范式：它为现实的法律生活关系确立统一的概念，建立法律概念和法条解释的规则，确立基本的法律原则，规定裁判的方式和标准，限定法学的述说方式和方法。[①]

不能简单地把法教义学与“法解释学”“法条法学”画等号，尽管法学者的日常工作似乎就是在解释法律、解释法条，但这种解释并非简单地注释，而是带有法律科学特有的体系——批判性的阐释。法学具有独立性，并非完全依附于法条。如果法学家（比如，像德国“学说汇纂学派”学者那样）“按照科学的方式建构”（比如，民法的）法教义学体系，那么，这项工作则更是与法律适用中解释法律无关。[②]

三、案例评析：判案中重要的是逻辑

逻辑告诫人们：一切论证成立或任何论题证立，不但取决于从前提或理由推导出结论的必然性或合理性，而且取决于所使用的前提或理由的真实性或正确性。前提是整个思想或理论体系的基石，一旦理论的基石发生动摇，整个理论大厦就会随之倒塌。

【案例】张学英诉蒋伦芳遗赠纠纷案：

案情：四川省泸州市某公司职工黄永彬和蒋伦芳于1963年结婚。1994年，黄与比其小22岁的张学英认识并于第二年同居。1996年底，黄与张租房中，公然以“夫妻”

① 舒国滢：《法哲学沉思录》，北京大学出版社2010年版，第38页。

② 舒国滢：《法哲学沉思录》，北京大学出版社2010年版，第46页。

名义生活。

2001年2月，黄到医院查出自己已是肝癌晚期。在其即将离开人世的日子里，张不顾别人的嘲笑，俨然以妻子的身份守候在他的病床前。4月18日，在一位律师的见证下，黄立下遗嘱："我决定将依法所得的住房补贴金、公积金、抚恤金和卖泸州市江阳区一套住房售价的一半（即4万元），以及手机一部留给我的朋友张学英一人所有。我去世后，骨灰由张学英负责安葬。"

4月22日，黄去世，作为原配妻子的蒋拒绝按黄的遗嘱执行。几天后，张诉至纳溪区人民法院，请求法院依据《继承法》的有关规定，判令被告蒋按遗嘱履行。

10月11日，纳溪区人民法院作出一审判决，主要内容为：黄所立遗嘱，形式上虽然是其真实意思表示，但在实质上赠与财产的内容上存在违法之处：1. 抚恤金不是个人财产，不属于遗赠财产的范围，2. 遗赠人黄永彬的住房补助金、公积金是黄与蒋夫妻关系存续期间所得，应为夫妻共同财产，其无权处分，部分无效；3. 遗赠人的遗赠行为违反了法律的原则和精神，损害了社会公德，破坏了社会秩序，应属无效民事行为。据此，一审法院驳回了张学英的诉讼请求。

张不服，二审上诉至泸州市中级人民法院，该院经审理认为：遗赠内容违反了法律和社会公共利益，《婚姻法》

第 26 条规定，“夫妻有相互继承遗产的权利”，黄将财产赠与张，实质上剥夺了蒋的合法财产继承权，违反了法律，应为无效。法院认为，原审事实清楚，适用法律正确，维持一审判决。

舒师评论：法律规范包含法律原则，但法律原则并不是行为规范，不直接构成行为理由。张学英案，贸然使用法律原则，不作法律规则的细化分析，表现了司法的任意性。

第一层面，原则（ought to be），规则（ought to do）。

如何界定原则？基础性的、理想性的证成标准，很少采用假言命题语句，多用命令性语句，如“自然人在民事活动中的地位平等”，“一切法律、行政法规和地方性法规都不得同宪法相抵触”，都是原则。

关于张学英案判决，一审判决适用《民法通则》第 7 条，“民事活动应当尊重社会公德，不得损害社会公共利益”这一原则规定。法律原则有无适用条件，是否针对行为人？原则：确认、评价规范，为规则提供基础价值的证成规范，起到连接各规则纽带作用，所有规则背后都有原则，不直接针对行为。

规则，是确定性规范，是行为规范；裁决案件时，有规则时不得直接引用原则。规则，是有专制性的，不须争辩，只需要按前提去推理就行。

第二层面，区分个人 / 社会行动的理由是什么？

(1) 原妻：夫妻关系，第一法定继承人，在本案遗赠中没有被考虑进去。

（2）社会大众的行动理由：张、黄之间存有不正当关系，不能助长社会风气恶化。

（3）法官的困境：道德事由，法律理由，情感理由，诸多行动理由，掌握平衡。案件中的人类苦难，人性的演变是最为缓慢的。

对判决的逻辑论证：“应当指出，婚外同居行为确实为修正后的婚姻法所否定，婚姻法对婚外同居行为也有过错赔偿的惩罚，但继承法、婚姻法、民法通则等法律对遗嘱人将其所有的财产遗赠给与其同居的人并没有禁止，除非这种遗赠行为本身而不是同居行为是一种违反法律、社会公共利益或社会公共秩序的。”①

此外，遗赠人黄永彬与原告张学英的同居关系是“法律禁止、社会公德和伦理道德所不允许的”与“遗赠人黄永彬与原告张学英的遗赠关系”是“违反公共秩序、社会公德和违反法律的”之间并无逻辑上的必然联系，换言之，从遗赠人黄永彬与原告张学英的同居关系是“法律禁止、社会公德和伦理道德所不允许的”并不必然得出“遗赠人黄永彬与原告张学英的遗赠关系是违反公共秩序、社会公德和违反法律的”这个结论。这是一个存在断裂、存在欠缺、有瑕疵的推论，是一个不连贯的、不必然的推论，所以是一个不成立的推论。一篇判词本身就是一篇文章，要合乎逻辑，要具有融贯

① 王洪：《逻辑的训诫》，北京大学出版社 2008 年版，第 74 页。

性与连贯性，要依靠自身的合理性体现出说服力。[①]

法官们负有论证自己判决的责任，而且负有证成自己判决的责任。法官证成自己的判决就必须要有两个方面的证成：内部证成和外部证成。内部证成处理的问题，是判断结论是否从为了证立而引述的前提中逻辑地推导出来，外部证成的对象是这个前提的正确性。

“合乎逻辑是一切理性要求的底线，违反逻辑就没有任何理性可言，只有经得起逻辑的追问，才能经得起社会公众的合理的怀疑。”[②]

四、探求法学的科学性——把中国法学引向科学

法学家不能仅仅作为青年人的导师，带领青年人认识法律的基础，“我最关注的是，**中国文化的生产性，法学的科学性**，有无自我再生能力”，舒师在对话中，讲述自己对这些问题的深层次的忧思，因为“法学高度的科学性和深刻的衰败是两个相互对立的事物”[③]。

萨维尼《法学方法论讲义》总结法学的科学性：萨维尼法学方法论讲义的学术价值，最引人注目的是：“关于法学方法论的三条基本原则：其一，法学是一门历史性的科学；其二，法学也是一门哲学性的科学；其三，法学是历史性科学与哲学性科学的统一。”[④]

---

① 王洪：《逻辑的训诫》，北京大学出版社 2008 年版，第 74 页。

② 王洪：《逻辑的训诫》，北京大学出版社 2008 年版，第 74 页。

③ [德]：鲁道夫·冯·耶林著，李君韬译：《法学是一门科学吗？》，法律出版社 2010 年版，第 49 页。

④ [德]：萨维尼著，杨代雄译：《法学方法论讲义与格林笔记》，法律出版社 2014 年版，第 4 页。

萨维尼在该书第一部分“法学的绝对研究方法”中，定义法学的概念：“法学或立法科学的概念：从历史的角度对特定时代某个国家的立法职能进行阐述。不涉及国家法，只包括私法与刑法。”①

耶林的《法学是一门科学吗?》对“法学何时能作为科学?”进行总结：“法学就是在法律事务中的科学意识。这种意识，必须往法哲学的面向发展，以便探求现实世界法律之起源与效力所赖以成立之最终基础；它必须在法律史的面向上，追溯自己曾经走过的所有道路，好能使自己从一个阶段迈向下个阶段，以臻于更高之圆满；它必须在教义学的面向上，将所有我们借着对法律之认识与掌握，而获致之暂时性的高点与终点，汇集于经验与事实，并且基于实际使用之目的安排这些素材，进行科学式的铺陈。”②

舒师认为，德国民法知识体系，若从古罗马时代算起，到19世纪德国“学说汇纂学体系”的形成，经历了千年以上的历史过程，这种经过无数代的私法（民法）学家呕心沥血（19世纪的德国民法学家甚至按照“几何学方式”）建构起来的民法“教义学”知识，达到了与其他科学（甚至自然科学）几乎等同精致的程度（德国“学说汇纂法学派”的理想本来如此），以至于我们就把它们当作“法律科学”对待。离开了这一套包含特有的法概念、原理（教义）、解释

① ［德］：萨维尼著，杨代雄译：《法学方法论讲义与格林笔记》，法律出版社2014年版，第4页。

② ［德］：鲁道夫·冯·耶林著，李君韬译：《法学是一门科学吗？》，法律出版社2010年版，第86页。

规准的民法知识体系，至少民法学者面对民事事务（案件）的处理时将无所适从。

（一）溯源“法学成长中的方法与知识谱系”

回顾轴心时代（寻求轴心突破）：我国私法是直接继受德国民法、刑法法学，但对德国法学背后发展历史过程，其中的争议、学说观点，没有真正梳理清楚。

从 2011 年至今，舒师一直在研究“法学成长中的方法与知识谱系”，舒师认同德国哲学家雅斯贝尔斯的观点：“人类一直靠轴心时代所产生的思考和创造的一切而生存，每一次新的飞跃都回顾这一时期，并被它重新燃起火焰。自此以后，情况就是这样，轴心期潜力的苏醒和对轴心期潜力的回忆，或曰复兴，总是提供了精神力量。”

“法学成长中的方法与知识谱系”，寻找法学的科学性：舒师认为：“这个研究初看起来好像是法学史、法学流派之发展的探索，其实我真正的关怀是：法学到底是一门什么样的学问？我们中国所要学习借鉴的法律科学 / 法教义学本身到底经历了怎样的过程？各个时代的法教义学家们到底遭遇到了什么样的难题？他们是怎样解决这些难题的？说到底，我想从西方法学知识发生学角度，对‘法学到底有没有科学性？’寻找答案。”

舒师指出：“我认同耶林的观点，看起来我是研究罗马法，其实我关心的是法本身，只是把罗马法作为一个样本，一个素材，作为解剖的对象。”

“法学成长中的方法与知识谱系”之《格奥尔格·弗里得里希·普赫塔的法学建构：理论与方法》：舒老师在对法学家普赫塔的法学建构研究文章中专节论述**“法的生产性”**：在普赫塔看来，“法不仅仅是意志的产物，而且也是来自**抽象推导之概念的产物**，法学不仅仅在于研究所谓‘法学家们的一致意见’或法学家们的‘通说’，而更重要的在于研究一种‘建立在科学根据之上的意见’，它不纯粹是‘继受性的’，也不仅仅是解释制定法和习惯法，而像**其他科学一样，法学具有‘生产性’，负有‘一种生产性使命’**（如上所述，科学本身是一种法源）”[①]“法学家必须一方面意识到该权利在法律关系体系中的地位，另一方面又必须把该权利的来源向上追溯至权利的概念，并从权利的概念向下追溯，才能得到此项权利，该权利的性质才会被完满地确定。”[②]耶林论述概念的特性：“概念是生产性的，它们自我配对，然后生产出新的概念。”[③]

普赫塔成功地使历史法学派从法律史转向现行有效的私法：“普赫塔的知识兴趣并不是法律史，而是法的理论建构，重点考察普赫塔有关‘法概念体系’的论述，这一部分被认为是其学说的独到之处，

① 舒国滢：《格奥尔格·弗里德里希·普赫塔的法学建构：理论与方法》，《比较法研究》，2016年第2期，第9页。

② 舒国滢：《格奥尔格·弗里德里希·普赫塔的法学建构：理论与方法》，《比较法研究》，2016年第2期，第9页。

③ 舒国滢：《格奥尔格·弗里德里希·普赫塔的法学建构：理论与方法》，《比较法研究》，2016年第2期，第9页。

对后世法学家们的法学（尤其是民法教义学）影响最大。”[①]

“法学家必须一方面意识到该权利‘道路役权’在法律关系体系中的地位，另一方面又必须把该权利的来源向上追溯至权利的概念，并从权利的概念向下追溯，才能得到此项权利，该权利的性质才会被完满地确定。这个过程包括对‘权利’‘物权’‘自物权’‘他物权’概念的理解，物之使用权及其条件、役权的界定，由此人们才会知道，一块土地（利用供役地）的役权叫作‘地役权’，而一块土地（因为通行）需役的权利叫作‘道路役权’。按照普赫塔的分析，在这里，‘道路役权’首先是一项主观权利（或对标的物的一种力）；其次，它是一项‘对某个物’的权利（物权），再次，它是一项对‘某一他物’的权利，即物的部分附属性质的权利；而物的附属之特殊性质是物之使用，故此，‘道路役权’属于‘物之使用权的谱系’，这个谱系还可以不断地向下追溯。”[②]

“通过该方法所形成的法就是所谓的‘科学法’。以这样的方式，普赫塔也就成功地使历史法学派从法律史转向现行有效的私法。”[③]

普赫塔学说的影响：拉伦茨认为：“普赫塔带着清晰的确定性将其时代的法学指向‘概念的金字塔’意义上的逻辑体系之路。并且

① 舒国滢：《格奥尔格·弗里德里希·普赫塔的法学建构：理论与方法》，《比较法研究》，2016 年第 2 期，第 11 页。

② 舒国滢：《格奥尔格·弗里德里希·普赫塔的法学建构：理论与方法》，《比较法研究》，2016 年第 2 期，第 11 页。

③ 舒国滢：《格奥尔格·弗里德里希·普赫塔的法学建构：理论与方法》，《比较法研究》，2016 年第 2 期，第 14 页。

因此而决意将它发展成为‘形式的概念法学’，为超过一个世纪的占主流的‘法学形式主义’铺平了道路。”①

“耶林在1858年出版的《罗马法的精神》第2卷第2部分第39章至第41章有关‘法律技术论’的论述中更进一步提出了一种‘自然历史的方法’——一种所谓的‘生产性法学方法’，其主要包括三个基本的操作阶段：(1) 法学的分析（主要是建构概念），即分析实在法（法律）素材，从中抽象出‘法律字母’(即简单概念的目录)，形成概念建构的技术——法律化学；(2) 逻辑的集中（主要是通过‘联结’和‘堆积’）的方法，从单个既有的法条中构建原则；(3) 体系的建构，即在自然历史的方法下形塑法律素材，建构成一个完整的法律身体，其外在形态就是‘法律体系’。”②

耶林之学术的第一阶段（1842年—1858年）就是在普赫塔的思想影响下成长起来的。“耶林试图通过上述三个基本的操作阶段，构建符合技术地形成‘法律身体’的三大法则(即‘实证素材覆盖法则’，‘无矛盾法则’，‘法律审美法则’，并把体系的建构称为‘较高层次的法学’)，相应地，则把‘法学的分析’‘逻辑的集中’称为‘较低层次的法学’。在这里，他不仅赞同和接受了普赫塔的‘形式的概念’建构法学方法，而且甚至将这种法学的理论和方法推向极端[比如，

① 舒国滢：《格奥尔格·弗里德里希·普赫塔的法学建构：理论与方法》，《比较法研究》，2016年第2期，第18页

② 舒国滢：《格奥尔格·弗里德里希·普赫塔的法学建构：理论与方法》，《比较法研究》，2016年第2期，第19页

耶林在论述概念和法条的特性时有一句话很有代表性：'概念是生产性的，它们自我配对，然后生产出新的（概念）。'法条本身则没有这样的孕育力]。故此，耶林之学术的第一阶段（1842 年—1858 年）就是在普赫塔的思想影响下成长起来的。"①

"正是受普赫塔思想的感召和激励，在 19 世纪中后期的德国法学家逐渐出现了以构建私法（民法）公理体系为志业的一批法学家，他们撰写了大量以'学说汇纂'为题的具有建构性质的民法教义学专著或教科书，由此而形成了一个我们业已耳熟能详的学派——所谓'学说汇纂学派'（一译"潘德克顿学派"）。"②

（二）论轴心突破

这个"轴心突破"，指在 500 年左右（公元前 800 年至公元前 200 年）的历程中，人类理性与精神最异乎寻常的一件大事，就是"哲学家首次出现了"。如古希腊的苏格拉底、柏拉图、亚里士多德，中国先秦时期的孔、孟、荀、老、庄、墨、商、韩等诸子都诞生、崛起于这样的时代。"哲学家周游列国，成为智囊和导师。他们或遭到蔑视，或者得到追随。他们投入讨论，并互相抗争""他们为一种文明、文化定了型，也为一种文明、文化开了路。……而所谓的法治思想突破，不正是其中必不可少的重要元素吗？"③

---

① 舒国滢:《格奥尔格 · 弗里德里希 · 普赫塔的法学建构：理论与方法》,《比较法研究》，2016 年第 2 期，第 19 页

② 舒国滢:《格奥尔格 · 弗里德里希 · 普赫塔的法学建构：理论与方法》,《比较法研究》，2016 年第 2 期，第 19 页

③ 王人博，程燎原:《法治论》，广西师范大学出版社 2014 年版，第 436 页。

伯尔曼的《法律与革命》在结尾写道：“一个社会每当发现自己处于危机之中，就会本能地转眼回顾它的起源并从那里寻找症结。”[①]，表达了相同的意见。

梅因的《古代法》在法律史中**寻找法学的渊源**，被称为**问题研究**的典范之作。梅因在《古代法》序言中写道：“本书的主要目的，在扼要地说明反映于‘古代法’中的人类最早的某些观念，并指出这些观念同现代思想的关系。如果没有像罗马法那样的一套法律，本文中企图进行的研究，多数将不能有丝毫希望达到有用的结果。……第三章和第四章以一定篇幅用来说明罗马法学专家的某些哲学理论，这样做，有两个理由。第一，著者认为这些理论对世界的思想和行为，比一般所设想的有较为广泛、永久的影响。其次，这些理论被深信为是有关本书所讨论的各个问题直到最近还流行着的大多数见解的根源。”[②]

中国的法学界如果能够在上述问题上达成较为一致的看法，按照法学这门特殊科学的方式来建构中国的法教义学，确立自己的法教义学传统，那么我们真的做到了像德国人一样“通过罗马法，但超越罗马法”，届时我们就可以自豪地说：“中国的法学绝非是幼稚的，而是真正的科学！”

① ［美］哈罗德·伯尔曼著，贺卫方、高鸿钧等译：《法律与革命——西方法律传统的形成》，大百科全书出版社 1993 年版，第 686 页。

② ［英］梅因著，沈景一译：《古代法》，商务印书馆 2013 年版，序言。

中国宪制史卷

宪法思想的溯源察流

——王人博老师访谈录

时间：2017 年 11 月 28 日

地点：中国政法大学

受访人：王人博，中国政法大学法学院教授，博士生导师

访谈人：贾广芳，铭达律师事务所律师

为什么叫“天演论”，而不译成“进化论”，“天演”，是天的意志，天的演义规律，不是人力所为的。严复认为，人类社会向前发展，是“天演”，而不是人为的，带有不可抗拒的宿命论的色彩。

中国思想者接纳宪制的基础是什么？是进化主义的观念。中国落后，“落后”和“先进”，是一个时间概念，中国本土只有“贫、富，强、弱”概念，这些传统概念不是进化论的观念，而“先进”和“落后”，是进化主义的概念。

——王人博

一、关于学术研究脉络

贾：您注重讲解基本学术语词的内涵，如近代主义、现代主义、东方学、民族主义，以及宪法中“人民”的概念，“溯其渊源，察其流变”，让学生要真正懂得这些术语的原意，您认为这是治学的基本功。请介绍下您的治学思路。

王：一位学生在《迟到的入门》一文中，对我这些年的学术研究，进行了初步的梳理总结，可以参考：

“王老师这几十年的学术历程，大致可以分为三段：

第一个阶段主要是引介西方法学知识，形成的学术作品有《法治论》《权利论》。”[①]

第二个阶段“梳理—解读—提炼”的学术范式。“第二阶段的学术思想，主要表现为对中国宪制思想的梳理，把晚清到民国时代的宪法、政制思想进行了解读，提炼出‘富强为体，宪法为用’，认为近代中国政治文化精英之所以引进宪法，所看中的并不是宪法本身的价值，而是宪法所可能带来的国家富强的效应。”[②]

第三个阶段——阐释、反思和批判的学术范式。“第三个学术研究阶段，对中国近代以来的法权话语和法权秩序进行人文批判式考察，代表着他新的学术范式的《民权词义考》《民主话语考论》。在

① 周睿志：《迟到的入门》。

② 周睿志：《迟到的入门》。

他这里，学术是一种对既成事物的阐释、反思和批判。它通过对事物发生历程的追溯来把握事物自身的内涵。这样的阐释性学术观，也是当代哲学所倡导的。”①

这一学术渊源来自于福柯的《知识考古学》：话语不同于语言，它不能简单地还原为语句和语法。“话语并不只具有意义或真理，而且还具有历史，有一种并不把它归于奇异的生成变化律这样的特殊的历史。”

注意语境化联想，**通过话语分析**，关注事物的细节：譬如为什么把国家领导人称为首脑呢？首脑就是头儿，身体政治；衣领，是身体衣服的高贵部位，并且在传统衣服中，领子容易磨损，镶边时使用特殊较好的材质，所以称领导人为领袖，或首脑。

关于身体政治，苏珊·桑塔格有本书叫《病身的隐喻》，内容涉及“作为隐喻的疾病”及“艾滋病及其隐喻”，在文章中，桑塔格反思了结核病、艾滋病、癌症等如何在社会的演绎中一步步隐喻化，从仅仅是“身体的一种病”转换成了一种道德批判。一般小说中，描写爱情的疾病，都是上半身的，如林黛玉是患有肺结核，很少有写下半身的疾病。知识是从阅读中获得的，不放过什么，才是最重要的。

① 周睿志：《迟到的入门》。

二、寻求富强、严复《天演论》与进化主义

贾：在《民权词义考》一文中，您重点考察了严复的民权思想，以严复作为研究对象，您有何考虑？

王：近几十年，关于中国近现代思想，学术界有一个经久不衰的主题就是——社会达尔文主义刺激了中国近代民族主义的兴起，中国知识分子、中国思想界把寻求富强作为至上的目标。中国近代宪制的底色是进化主义的，严复的进化主义是“力本位”。

首先要理解为什么与严复同时代的思想者们热衷于西方经验，为什么对西方特别是英国的思想感兴趣，因为他们把西方的思想、制度与中国的富强即现代性联系起来。换言之，造就西方强大的思想制度和经验也对中国照样有效。

严复写过一篇很重要的文章《老子评议》，认为老子的观点是进化主义的；他翻译赫胥黎关于进化论的书，书名为《天演论》，主要观点是“物竞天择”“适者生存”，为什么叫“天演论”，而不译成“进化论”，“天演”，是天的意志，天的演义规律，不是人力所为的。严复认为，人类社会向前发展，是“天演”，而不是人为的，带有不可抗拒的宿命论色彩。此书出版后，引起了巨大反响，也直接或间接地影响了中国几代知识分子，譬如胡适。胡适，原名胡嗣穈，受此书影响，他改名为胡适，字适之。

严复认为，人类社会向前发展，是“天演”，大的趋向是进步主义。进一步讲，是进步的迟缓还是快速呢？大的趋向是天演，是向前进的，这是人力不可为的；大的层面下面，前进的迟缓和快速，这是人可为的，人类可以决定前进的迟缓或者快速，中国可以加速度向前进化。

其次要清楚，中国的思想者接纳宪政的基础是什么？是进化主义的观念。中国落后，“落后”和“先进”，是一个时间概念，中国本土只有“贫、富、强、弱”概念，这些传统概念不是进化论的观念，而“先进”和“落后”，是进化主义的概念；发现中国所处位置的坐标点，落后，不愿认命。落后是什么呢？是时间差，这也可以转换为“落后就挨打”的逻辑。

严复的思想分为两部分，一是对英国的研究，认识到英国的富强，是因为英国民众的自由、公心。因为自由，就可以释放出能量；因为民主可以形成公心，即他总结出的“以自由为体，以民主为用”。二是作为落后国家，为什么可以追赶先进国家，追赶的底气在哪里？相较于英国，中国落后不是一点半点，有无可能迎头赶上呢？严复为中国提供了可以追赶英国、美国的理论，支撑其观念的是进化主义。

历史向前发展是渐变的、温和的还是激进的？梁启超认为，从君主制、君主立宪制到共和制，不可超越；孙中山认为，历史可以跃进，通过暴力革命，推翻清朝君主，我们可以不经君主立宪制，直接进入共和制，超越这一阶段，也是进化主义的加速度。这也是“革命是历史的火车头”的中国版。

进化主义支配近现代中国的发展思想，近现代的严复、梁启超、毛泽东寻求民族独立，国家富强，到当代的现代化建设阶段，邓小平的“发展是硬道理”，以及胡锦涛的“科学发展观”，为中国如何摆脱落后，齐头并进，提供最大理论基础的还是进化主义的发展观。

中国宪制思想如何发生，特质是什么？用“进化主义”这一原理，解释中国宪制思想、中国的问题，同时，又是与线性时间观，与现代性联系在一起的。

三、中国的政治分职与西方的政治分权

香港地区的议员宣誓风波案，是 2017 年比较引人注目的宪法案例。

案件当事人分别为：香港特别行政区行政长官和律政司司长作为原告，游蕙祯作为第一被告，梁颂恒作为第二被告，立法会主席作为第三被告。

该案判决书中，法院全面检讨了该案涉及的宪制和法律层面的规定。

法庭总结涉案争议焦点：作为行政长官，是否有权提起有关立法会主席准许梁、游二人“重新宣誓”的决定无效之诉。

关于涉案行政长官的职权，法庭阐释了香港地区的政治体制，

行政长官的宪制责任。案件的第二个争议点，也需要置于香港地区的政治体制的背景下进行分析。在《中华人民共和国香港特别行政区基本法》设定的香港地区的政治体制之下，虽然存在权力的分立和制衡，但并不是西方式的'三权分立'制度。……行政长官有权采取包括司法诉讼在内的必要方式，要求法院确认立法会主席准许梁、游二人'重新宣誓'的决定无效。

贾： 对上述判例，从比较法的视野思考，中国历史传统为什么没有产生出分权制衡的理念？钱穆在《中国历代政治得失》中有所论述："西方人讲政治，一定先要讲'主权'。他们的政治思想，很多是建立在主权观念上。所以西方有神权、王权、民权的分法。到现在便是国家主权在民众。中国讲政治，一向不讨论主权在哪里，……中国人讲政治，一向看重职责，只论政府该做些什么事？它的责任该是些什么？它尽了职没有？……这是双方政治思想上一绝大的歧义。"

王： 在传统政治学上，中国讲求分职，而不是分权。分职理念，来自于法家。法家是在维持一个绝对权威的情况下，分职，是为集权，不是分权；荀子是最接近法家的儒家学派，更接近西方的理性思维。

在理论上，法家对有关职权的划分问题给予了充分的注意。"分职"意味着对君主无端地干预司法进行某些限制，《韩非子》对有关职权理论的划分更为细致，更加地强调“职权分明”的重要性。

史化慈研究认为，中国传统上，墨家曾有过契约观念的萌芽，讲求“兼爱非攻”，但墨家没落，消失太早。

博丹提出国家主权统一而不可分割。西方分权理论的产生与医学有关，人体解剖学，“Constitution”，“宪法”一词，最先是医学词汇，后变成一个政治词汇，洛克、孟德斯鸠等人将国家权力作了类似身体的解剖，器官分制，相互制衡，身体才能良好地运转。

为什么近代中国强调集权？近代思想界的先驱者，意识到当时中国的国情是什么，中国最需要的又是什么。中央权威衰落，顾炎武、黄宗羲甚至提倡封建主义。清末民国初年，如何形成强大权威的中央，把国家统一起来，是政治重心之所在。经历改良立宪主义，借鉴西方议会制，形成合力，再把国家统一起来，认识到集权比分权更重要。这是由近代知识分子认识的国情所决定的。

四、竹内好《何谓近代》

贾：您是尊重鲁迅的，您讲过鲁迅在日本留学时，读到美国传教士的文章，鲁迅在书中5次提到传教士明恩溥的《中国人的气质》，1905年该书首次被译成日文，鲁迅在日本读到此书，感到特别震撼，甚至某种程度上，《阿Q正传》或许受到明恩溥《中国人的气质》的影响。

竹内好《何谓近代》中对鲁迅的研究，笔端带有情感，胸中充满敬仰。竹内好评论鲁迅《聪明人和傻子和奴才》一文，把此文的出现置于整个近代史的大背景下，予以批评，并把亚洲抵抗西方列强入侵模式，分为几种类型：甘地和泰戈尔型、孙文和鲁迅型，或者穆斯塔法·凯末尔和伊本·沙特型。为什么您特别关注日本研究鲁迅的书？

王：鲁迅的书，对弱者充满同情，对弱者的心理是一种蕴藉。作为弱者，失去了自我表达的能力，或者自我表达的话语权。萨义德、竹内好、沟口雄三，这几位思想者有一个共同点，即为民族寻找话语空间，或者为自身寻找话语空间。不管是为了哪个目的，他们都对西方话语霸权表示出不驯服的态度。竹内好著有《何谓近代》，沟口雄三著有《作为方法的中国》。

我对他们的作品进行解读，主要是因为他们对中国问题有独特的论述。竹内好是一个具有强烈民族主义的思想者，他对日本的战败和对美国投降感到惋惜，通过赞扬中国的不断自我扬弃的近代革命，表达对日本挫折的痛心疾首。

沟口雄三则是希望在中国宋明时期的社会中找到“现代性”的萌芽，从而确立起一种不同于西方的关于中国现代性的叙事。

这两位对于“中国宪制史”的意义，不在于叙述本身的内容，而在于那种寻找自主叙事空间的意图所带来的精神刺激。阅读这些思想者的作品，除了从中汲取方法与灵感外，更多地是寻求一种思想同盟者，不是把这些思想者当作权威，而是把他们当作对话者。

贾：竹内好是一位文学评论家，却把鲁迅的文章《聪明人和傻子和奴才》置于整个近代史的大背景下予以批评，写出了它的历史厚度。对于这点，您怎么看？

王：文学家、文学批评家，都是一个特定历史时代中最敏感的人。

五、中国法学研究现状

贾：2005年《政法论坛》第1期至第4期连载邓正来教授的长文《中国法学向何处去》，在法学界引起了很大的反响，作为该刊物的主编，对“中国法学向何处去”的问题，您有何看法？

王：作为《政法论坛》的责任编辑，我阅读很多的法学方面的来稿，对中国法学界那时在思考什么、研究什么等问题可以作一个基本的判断。2006年12月，我去西南政法大学演讲，选择演讲主题时，最终确定以“中国法学：技术、价值与知识——中国法学的三种基本态势”为学术讲座的主题，将中国法学研究现状划分为三个知识谱系，即作为技术的法学、作为价值体系的法学和作为知识体系的法学。这些可以视为对“中国法学向何处去”这一问题的尝试性回答。

第一个知识谱系，把法学理解为一门技术。当下中国部门法学一个主流的架构，作为技术的法学，提倡学以致用，作为法学，你怎样用？用来推动法律的完善和社会的进步这个“致用”的目标。

他们的研究的方法，第一个方面，特别留意社会的需求，社会需要什么，我生产什么；第二个方面，对案件意义的捕捉能力比较强；第三个方面，法条主义的特征，他们注重的是社会实效性。

这一派法学的缺陷是，为中国法学的知识增量所作的贡献不是很突出。为什么谈到中国法学的知识增量呢？中国是一个具有 5000 年文明的文化大国，中国有大国的法学吗？这个世界的法学的主流话语是英语世界和德语世界。中国的法学落后，落后在哪里？主要是中国的法学家还没有从意识形态那一个圈子里面转出来。因此，这需要法学家们的努力，在法学的知识增量上能做点事情。一方面，推进法律的完善和社会的进步；另一方面，法学自身有它的知识的增量，有它的知识积累。

第二个知识谱系，把法学作为价值体系，是一套体系。从方法上，价值体系的法学家有三点比较突出：第一，自然法主义的倾向，他们看重正义的力量，特别是知识的正义力量。第二，他们预设了现实的非合理性；第三，特别重视案件，都是特别喜欢“以小见大”的人，他们要从一个案件中透视出它的正义、公平、制度。

知识谱系上的法学家们都是有信念的人，他们认为法学要追求

“善”。但也有缺陷，表现为：第一，中国的语境被忽略了，因为它持守了一个理性的立场，一个真理的立场，在这个立场上，中国问题，中国的语境往往被忽略。第二，我个人认为在**这个知识谱系下的法学对知识的增值贡献不足**，因为它太偏重于理性和真理。

第三个知识谱系，把法学作为知识体系。预设法学家是一名学者，不是智囊，不是立法者。这个体系的法学家采取的是一种学术的立场，**因为法学是科学**，如果我们把**法学看作社会科学的一种的话，那么这个学术的立场是非常重要的**。

首先，到目前为止，我认为这个谱系不是主流，但是有很多人在努力做；其次，中国法学回归学术立场的重要性。现在中国法学界太热闹了，应该冷清一点，要回归学术立场，法学要回归学术的基本层面。中国法学现在不需要创新，需要的是“撤退”，撤退到学术高地。无论是谈一个部门法的话题，谈法理学，还是谈宪法行政法学的一个话题，你必须回到学术的层面上来谈。法学要回到学术上通用的一个规范，即英语世界和德语世界所提供的那样一个学术规范。

作为知识体系的学者们，固守这样一个划分，学者只能解释世界，无法改变世界，改变世界的责任在于政治家，不在于学者。根据西方的知识分子鲍曼在他的《立法者与阐释者》里的描述，知识分子的角色经历了这种转型。

“宪法”概念的起源及流变

——王人博老师讲中国宪制史

如何认识中国，如何认识中国宪法，从晚清近代史上发生的战争对中国的影响，到西方传教士眼中的中国，到东方学，到对“中学为体，西学为用”“富强为体、宪法为用”“体用”模式的评判，到日美学者对中国研究持有的“西方中心主义”范式/“中国中心主义”的不同立场，到进化主义的方法论，从东方、西方，中学、西学的立场与观点比对，认识中国，认识中国宪法。提炼出“富强为体，宪法为用”是中国近代宪制思想的核心。

——贾广芳题记

第一部分　如何认识中国

一、近代史的八次战争对中国的影响

自 1840 年鸦片战争开始，后来有第二次鸦片战争、太平天国起

义、中日甲午战争、辛亥革命，以及后来的军阀混战、北伐战争、抗日战争，兵连祸接。1864年，曾国藩湘军镇压了太平天国起义，地方团练势力强大，中国陷入地方军事化，文治传统崩坏的局面。1895年甲午战争爆发，签订《马关条约》，中华帝国传统朝贡体制解体。1912年清帝退位，经过护国运动、护法运动，国家陷入军阀混战的局面，形成地方割据势力。晚清近代史上的八次战争，连年的军阀混战，对我国近现代政治人物的思想的影响是，更加强调国家的和平、稳定和统一。

二、西方传教士眼中的中国

鸦片战争后，欧洲的工业主义和商业事业开始成为传统的中国社会的催化剂。“中国思想的有用性受到了挑战，而且一旦它的有用性问题被提了出来，对它的真理性的疑问就不可避免了。中国思想的所有派别现在有了一个名副其实的、需认真对待的西方对手。”①

我自己早些年读书，认为西方传教士对中国的认识，充满傲慢与偏见，是一种文化的殖民；现在，我能够更为客观地思考西方传教士对中国的看法，西方传教士对中国的观察，得出的印象与结论，打动两代中国人，其中包括梁启超与鲁迅。

鲁迅作为中国现代思想先驱者，他一生中，在自己的书中5次

① [美]列文森著，郑大华，任菁译：《儒教中国及其现代命运》，广西师范大学出版社2009年版，第43页。

提到传教士明恩溥的《中国人的气质》。1905年，《中国人的气质》首次被译成日文，鲁迅在日本读到此书，感到特别震撼，鲁迅的《阿Q正传》是否曾受明恩溥《中国人的气质》的影响？1905年，爆发日俄战争，战争地点是在中国东北的旅顺，这些可以说明中国的弱势与在外交上的屈辱。

西方传教士的叙事与表达：与明代传教士利玛窦眼中的中国和平、生机勃勃的景象相比，近代西方传教士书写中国，更多地表达了中国落后、愚昧的层面，明恩溥的《中国人的气质》涉及了20个问题，其中谈到：

1. 中国人讲求“面子”，“面子”是中国人的精神纲领；“面子”一词由明恩溥首先提出；2. 漠视精确：大陆帝国，地大，人说话就大咧咧，人们经常说五六点，六七点也行，不精准；3. 绕弯子，委婉，“听话听声，锣鼓听音”，语言富于暗示性，很多表达都用暗示的方式；4. “迷信”，泛灵论，万物有灵论，如蛇精，狐狸精。

西方传教士来到中国，在传播宗教的同时，也带来了包括医学传播的文化交流，促使“五四”一代青年人对传统文化反思，剖析国民性，疗治中国人的精神状态。

“奴性”一词，传教士的书中没有提到。“奴性”是鲁迅在表达中国问题，批判中国国民性时所用的核心概念，此概念打动了研究鲁迅的日本学者竹内好先生。

三、萨义德《东方学》——西方如何认识东方的观念体系

作为弱者，失去了自我表达的能力，或者自我表达的话语权。萨义德、竹内好、沟口雄三，这几个思想者有一个共同点，即为民族寻找话语空间，或者为自身寻找话语空间。不管是为了哪个目的，他们都对西方话语霸权表示出不驯服的态度。

萨义德《东方学》这本书的主题可以用其开篇就引用的卡尔·马克思的那一句话来概括:“他们无法表述自己;他们必须被别人表述。”整部著作都在描述**西方如何认识东方的观念体系**，这一观念体系体现为西方自希腊以来的文学、历史、政治文件等文本描述东方的话语模式。

1977 年底，萨义德完成《东方学》的写作，在此书 2003 年版的序言中，他写道:

“《东方学》这本书与当代历史的动荡和喧腾是完全分不开的。在书中，我相应地强调无论是‘东方’这一用语，还是‘西方’这一概念都不具有本体论意义上的稳定性，二者都由人为努力所构成，部分地在确认对方，部分地在认同对方。这一极度的虚构很容易被人操纵，对集体激情的组织和利用从来没有像我们这个时代那么明显。”

英国一位国会议员在国会发表演说:“拥有关于一个文明的知识意味着了解这一文明从起源到兴盛到衰落的发展过程——当然，也

意味着有能力了解这一过程。……埃及本身是否存在无关紧要，英国对埃及的知识就是埃及。……尽管我们一直是在为埃及人着想；我们在为埃及也是在为整个欧洲人着想。”①

法国东方学研究院“1809—1828年间发表的长达23卷的《埃及志》实际上是一个国家对另一个国家集体掠夺的记录。……由研究院秘书让－巴普迪斯特－约瑟夫·福里耶执笔的《历史前言》开篇即表明，在‘处理’埃及时，研究者同时也是在与一种不含任何杂质的文化、地域和历史意义进行直接较量。埃及位于非洲与亚洲、欧洲与东方、记忆与现实之关系的焦点。”②

“不论在西方还是在亚洲，没有哪一个民族在获得相当强力之后不将目光转向埃及，这在某种程度上被视为一种自然的选择。”③

自我身份的建构——不同特质的不断阐释和再阐释：《东方学》的结尾部分写道：“所有这一切的关键在于，如维柯所教导我们的，人类历史是由人创造出来的。……我所采取的立场是试图表明，每一文化的发展和维护都需要一种与其相异质并且与其相竞争的另一个自我（alter ego）的存在。自我身份的建构——因为在我看来，身份，不管是东方的还是西方的，法国的还是英国的，不仅显然是独

① 参见［美］萨义德著，王宇根译：《东方学》，生活·读书·新知三联书店1999年版，第40～41页。

② 参见［美］萨义德著，王宇根译：《东方学》，生活·读书·新知三联书店1999年版，第109页。

③ 参见［美］萨义德著，王宇根译：《东方学》，生活·读书·新知三联书店1999年版，第110页。

特的集体经验之汇集，最终都是一种建构——牵涉到与自己相反的‘他者’身份的建构，而且总是牵涉到对与‘我们’不同的特质的不断阐释和再阐释。每一时代和社会都重新创造自己的‘他者’。因此，自我身份或‘他者’身份决非静止的东西，而在很大程度上是一种人为建构的历史、社会、学术和政治过程，就像是一场牵涉到各个社会的不同个体和机构的竞赛。”①

四、中国学——西方对中国的研究

“在一个‘东方学’大会将定期召开的世界里，召开‘西方学’大会的想法无疑是异想天开。”②

法国、英国更多地是关注包括埃及在内的近东。对远东的研究，包含中国学与日本学，美国是最早研究也是取得成就最多的，以学者费正清为代表的哈佛大学东亚研究中心最为知名。

（一）“西方中心主义”范式／“中国中心主义”的立场

美国学者费正清与日本学者沟口雄三代表了中国学的两个不同学派，前者使用的是“挑战与回应”的“西方中心主义”范式，后者是对前者的反驳，持“中国中心主义”的立场。前者的价值在于中西间的“落后—先进”的二元构造并未完全失效，中国应正视自

① 参见［美］萨义德著，王宇根译：《东方学》，生活·读书·新知三联书店1999年版，第426～427页。

② 参见［美］列文森著，郑大华，任菁译：《儒教中国及其现代命运》，广西师范大学出版社2009年版，第356页。

身的“落后性”；而后者的价值恰恰在于，在面对我们自身问题的时候又不能丢掉自己的“主体性”。

沟口雄三在《作为方法的中国》中认为：“我指出以世界为目的，正是因为预感到，为了构筑21世纪的世界观，和以往欧洲的‘国家’原理相对照的亚洲的‘社会’原理是必不可少的资源。这一‘社会’原理，用中国的说法也可称为‘天下’的原理或‘生民’的原理，即人与自然互相调和、人与人之间互相团结的民主大同的原理。”①

（二）列文森《儒教中国及其现代命运》

郑家栋在《儒教中国及其现代命运》代译序中写道：“把西方的‘中国研究’由古董欣赏式的传统汉学引向对于近现代中国的关注，费正清是关键性的人物，而就强化和凸显有关研究中的思想内涵而言，列文森的影响是不可替代的。”

1. 历史与价值之间的张力

《儒教中国及其现代命运》一书，或者说列文森的全部研究及其著作所关注的核心，在于历史与价值之间的张力，魏斐德在列文森的著作《革命与世界主义》的前言中把问题表述为：什么是我们的，什么是真实的？②

2. 中国现代的新传统主义

列文森《儒教中国及其现代命运》在研究揭示儒家文化的内在

① ［日］沟口雄三：《作为方法的中国》，生活·读书·新知三联书店2011年版，第298页。

② 参见［美］列文森著，郑大华，任菁译：《儒教中国及其现代命运》，广西师范大学出版社2009年版，第12页。

特质方面着力甚深，就问题的出发点而言，《儒教中国及其现代命运》主要是针对中国现代的新传统主义：儒家思想在近现代世界中，是否完全丧失了其原创性的智慧，和对于人们心灵世界乃至近代社会历史进程之客观的影响力。[①]

杜维明对此有清晰的表述："他看到这些现代中国知识分子的窘境，他们在情感上执著于自家的历史，在理智上却又献身于外来的价值。他们对过去的认同，缺乏知行的理据，而他们对当今的认同，则缺乏情感的强度。"[②]

"儒家文明所推崇的是非职业化的人文理想，而现代的时代特征则是专业化。"[③]

3. 对"中学为体，西学为用"体用理论的评判

"张之洞的'体用'理论具有社会学的意义。他关心的不是事物的本质，而是文化的本质。"[④]

如果说存在着与西方应用科学之"用"相联系的"体"，那它是

① 参见 [美] 列文森著，郑大华，任菁译：《儒教中国及其现代命运》，广西师范大学出版社 2009 年版，第 12 页。

② 参见 [美] 列文森著，郑大华，任菁译：《儒教中国及其现代命运》，广西师范大学出版社 2009 年版，第 12 页。

③ 参见 [美] 列文森著，郑大华，任菁译：《儒教中国及其现代命运》，广西师范大学出版社 2009 年版，第 348 页。

④ 参见 [美] 列文森著，郑大华，任菁译：《儒教中国及其现代命运》，广西师范大学出版社 2009 年版，第 55 页。

西方的纯科学，西方的哲学、文学和艺术，而不是它们的中国对应物。①

“作为中国思想中的一个易懂的、合乎惯例的观念，中国精神加西方物质这一谋求中国富强的药方，自从张之洞用‘体用’模式对它加以表述后，它就从来没有失去其吸引力。但是，在更为严格、更为正式的思想中，捍卫中国文化的‘体用’模式，其本身所包含的致命局限不久就暴露出来了。”②

“在这个被综合过的文化中，中学是体，但在现实社会中，它又是作为进入仕途的敲门砖，即‘用’来使用的。而被当作‘用’来引进综合的西学，并没有像这个整齐的模式所要求的那样充当中学的补充物，相反取代了它。因为在事实上，中学所以被珍视，是由于它具有进入仕途之敲门砖的功用。现在它的功用被剥夺了。”③

“体用”模式作为工业化运动的一件思想外衣而被广泛使用，这一事实表明，在中国历史上，从来没有为将工业化作为一种价值来接受做内部的准备。这种准备的缺乏及其背后的各种社会因素，是 19 世纪中国物质上的“自强运动”失败的原因。……即使在最基本的军事领域也是如此，中国在中日甲午战争中的惨败就

---

① 参见［美］列文森著，郑大华，任菁译：《儒教中国及其现代命运》，广西师范大学出版社 2009 年版，第 12 页。

② 参见［美］列文森著，郑大华，任菁译：《儒教中国及其现代命运》，广西师范大学出版社 2009 年版，第 12 页。

③ 参见［美］列文森著，郑大华，任菁译：《儒教中国及其现代命运》，广西师范大学出版社 2009 年版，第 12 页。

是其证明。[①]

五、进化主义

中国人为何接受进化主义？解释中国宪制思想如何发生，特质是什么？

用进化主义原理，解释中国宪制发生学，宪制思想、中国的问题，接受的理由和依据不同于西方，不是还原复制式，而是“富强为体，宪法为用。”

近几十年，关于中国近现代思想，学术界一个经久不衰的主题就是——社会达尔文主义刺激了中国近代民族主义的兴起，中国知识分子、中国思想界把寻求富强作为至上的目标。中国近代宪制的底色是进化主义的，严复的进化主义是“力本位。”

首先理解为什么与严复同时代的思想者们热衷于西方经验，为什么对西方特别是对英国的思想感兴趣，因为他们是把西方的思想与制度与中国的富强即现代性联系起来。换言之，他们认为，造就西方强大的思想制度和经验对中国也照样有效。严复写过很重要的一篇文章《老子评议》，认为老子的观点是进化主义的。

什么是适者，什么是优者，是生物学上的进化论；为什么有人跑前边，有人在后面，自由主义提供不了答案，现代主义提供不了答

---

① 参见[美]列文森著，郑大华，任菁译：《儒教中国及其现代命运》，广西师范大学出版社2009年版，第60页。

案，从而发展出社会科学的进化主义理论。将西方进化主义学说介绍到中国的是严复。

严复翻译赫胥黎的关于进化论的书，名为《天演论》，主要观点为“物竞天择”“适者生存”，为什么叫天演论？严复认为，人类社会向前发展，是“天演”，是天的演义规律，而不是人为的，带有不可抗拒的宿命论的色彩。[①]

其次要清楚，**中国思想者接纳宪制的基础是什么**？是进化主义的观念。中国落后，“落后”和“先进”，是一个时间概念，中国本土只有“贫、富、强、弱”概念，这些传统概念不是进化论的观念，而“先进”和“落后”，是进化主义的概念；发现中国所处位置的坐标点，落后，但不愿认命。落后是什么呢？是一个时间差，这也可以转换为“落后就挨打”的逻辑。

严复的思想分为两方面，一是对英国的研究，他认识到英国的富强，是因为英国民众的自由、公心。因为自由，就可以释放出能量；因为民主可以形成公心，即他总结出的“以自由为体，以民主为用”。二是为什么作为落后国家可以追赶先进国家，追赶的底气在哪里？相较于英国，中国落后不是一点半点，有无可能迎头赶上呢？为中国提供了可以追赶英国、美国的理论，其理论支撑就是进化主义。

历史向前发展是渐变、温和的，还是激进的？社会的发展，大

---

① 参见［美］列文森著，郑大华，任菁译：《儒教中国及其现代命运》，广西师范大学出版社2009年版，第60页。

的趋向是进化主义。进一步讲，是进步的迟缓还是快速呢？大的趋向是天演，是向前进的，这是人力不可为的；大的层面下面，前进的迟缓和快速，这是人可为的，人类可以决定前进的迟缓或者快速，中国可以加速度向前进化。

梁启超认为，从君主制、君主立宪制到共和制，不可超越；孙中山认为，历史可以跃进，通过暴力革命，推翻清朝君主，我们可以不经君主立宪制，直接进入共和制，超越这一阶段，也就是进化主义的加速度。这也是“革命是历史的火车头”的中国版。

进化主义支配近现代中国发展思想，从近现代的严复、梁启超、毛泽东等寻求民族独立和国家富强，到当代的建设现代化中邓小平的“发展是硬道理”，以及胡锦涛的“科学发展观”，为中国如何摆脱落后，齐头并进，提供最大的理论基础还是进化主义的发展观。

六、近代主义

（一）近代主义的来源

西方有“Mordern 时代”，中文译为“摩登时代”或现代。而“近代”一词，是由日本学者发明的，日本作为东亚接纳西方文化的先行国家，有观察西方的便利。为什么发明“近代”一词呢？明治维新时期，日本存在两种意识形态，为区分日本本土思潮，创立“近代”一词来划分：“近代主义”（主张“全盘西化”）、“日本主义”（主张日本传统、本土的文化)。1941年太平洋战争爆发以前,“近代主义”占主流。太平洋战争爆发以后,“日本主义”胜出。

日本的近代分为两个阶段,第一阶段为“脱亚入欧”,第二阶段为“兴亚抗欧”,以太平洋战争为分界线(日本称为“大东亚战争”),“兴亚抗欧”是泛亚洲主义,主张联合中国、韩国,抗击欧洲国家。

中国史学界接受“近代主义”概念,并把自1840年鸦片战争以来,在黑暗中探索出路,向西方寻求真理,直到1919年“五四运动”到中国共产党登上历史舞台,这一时段划分为中国的近代时期。

非西方国家,近代性之比较: 近代,为什么日本明治维新成功了,而中国的戊戌变法没有成功?中国的戊戌变法,主张要接纳西方现代观念,实行立宪改革。而当时中国一所现代化的小学都没有,一条像样的公路也没有,现代制度的实施,需要有经济基础,因此戊戌变法以失败告终。1688年英国光荣革命、1776年北美独立战争、1789年法国大革命,都是爆发在工业革命以后,蒸汽机、铁路交通发展起来。没有物质经济作基础,空谈政治革新,是行不通的。

与中国人认为的“日本是近代化成功的国家”这一观点相反,日本知识界是如何看本国自己的?日本学者竹内好认为整个近代,中国是成功的典范,把中国作为日本的一个镜像,日本是失败者,日本近代化,什么都不是。

(二)何谓近代?

竹内好著有《何谓近代》,沟口雄三著有《作为方法的中国》,

对他们的作品进行解读，主要是因为他们对中国的问题有独特的论述。

竹内好是一个具有强烈民族主义的思想者，他为日本的战败和对美国的投降感到惋惜，通过赞扬中国的不断自我扬弃的近代革命，表达对日本挫折的痛心疾首。沟口雄三则是希望在中国宋明时期的社会中找到“现代性”的萌芽，从而确立起一种不同于西方的关于中国现代性的叙事。

这两位对于“中国宪制史”的意义，不在于本身的叙述内容，而在于那种寻找自主叙事空间的意图所带来的精神刺激。阅读这些思想者的作品，除了从中汲取方法与灵感外，更多地是寻求一种思想同盟者，不是把这些思想者当作权威，而是把他们当作对话者。

竹内好《何谓近代》指出：“**所谓近代，**乃是欧洲在从封建社会中解放自我的过程里（就生产方面而言，是自由资本的发生，就人的方面而言是独立平等的个体人格的成立）获得的自我认识，近代是历史进程中的一个环节，它要求主体把区别于封建性质的自我作为自我来对待，并在历史中把这个自我相对化。”①

竹内好评论鲁迅《聪明人和傻子和奴才》一文，把此文的出现置于整个近代史的大背景下予以批评，并把亚洲抵抗西方列强入侵模式，分为“孙文和鲁迅型、甘地和泰戈尔型，或者穆斯塔法·凯

---

① ［日］竹内好著，孙歌编，李冬木，赵京华，孙歌译:《近代的超克·何谓近代》，生活·读书·新知三联书店2005年版，第183页。

末尔和伊本·沙特型等类型（不过，这种类型分析只是在假定了把他们作为类型来观察这一前提下相对而言）。在日本可以成为类型的东西是不存在的。就是说抵抗是不存在的”①。

“如果是日本的人道主义作家，大概不会这样来写，聪明人和傻子和奴才，的寓言吧。他们只会写奴才被聪明人所拯救，或被傻子所拯救，或者奴才自己起来打倒主人，自己解放自己。就是说，日本的人道主义作家大概只会把被叫醒的感觉描写为喜悦，而不是痛苦。”②

近代的特征是理性化的时代。“欧洲对东洋的入侵，使东洋产生了抵抗，这种抵抗自然又折射到欧洲自身去，但是，即使这样也没能动摇欧洲彻底的理性主义信念：所有事物在终极意义上都可以对象化并被提炼。他们预想到了抵抗，并洞察到东洋越抵抗就越将欧洲化的宿命。东洋的抵抗不过是使世界史更加完整的要素而已。”③

实证主义、经验论和理性主义，以等质为前提的量化观察事物的科学：所有这些都具有近代的特征。

“入侵的形态最初是征服，接下来变为要求市场的开放，或者人权与信教自由的保障，以及借款、救济、教育和对解放运动的支援等，这些形式本身象征着理性主义精神的进步。在这样的运动中产

---

① ［日］竹内好著，孙歌编，李冬木，赵京华，孙歌译：《近代的超克·何谓近代》，生活·读书·新知三联书店2005年版，第217页。

② ［日］竹内好著，孙歌编，李冬木，赵京华，孙歌译：《近代的超克·何谓近代》，生活·读书·新知三联书店2005年版，第206页。

③ ［日］竹内好著，孙歌编，李冬木，赵京华，孙歌译：《近代的超克·何谓近代》，生活·读书·新知三联书店2005年版，第184页。

生了旨在无限趋向于完善的向上心态，以及支持这种态度的实证主义、经验论和理性主义，以等质为前提的量化观察事物的科学：所有这些都具有近代的特征。”①

竹内好写道：“看来东洋通过不断地抵抗，正在赶上欧洲、超越欧洲。创造出非欧洲的东西。”，他所说的东洋仅仅是指中国。而日本却与此相反，“没有抵抗”这一点上缺乏东洋特质，在没有保持自我的欲望这一点上又缺乏欧洲特质，他甚至说：“就是说换言之，日本什么都不是。”②

对“中学为体，西学为用”的评说：“即使是在日清战争（中日甲午战争——译者）受到决定性打击的时候，大清帝国的进步官僚们的改良主义意识形态亦不过是‘中学为体，西学为用’而已。即只承认欧洲的优越地位在于技术领先。……日本文化总是面向外界，等待新的东西的到来。文化总是从西面来，儒教佛教便是如此。”③

回心型与转向型：“我认为日本文化在类型上是转向文化，中国文化则是回心型的文化。日本文化没有经历过革命这样的历史断裂，也不曾有过割断过去以新生，旧的东西重新复苏再生这样的历史变动。就是说，不曾有过重写历史的经历。……在日本文化中，新的

① ［日］竹内好著，孙歌编，李冬木，赵京华，孙歌译：《近代的超克·何谓近代》，生活·读书·新知三联书店2005年版，第184页。

② ［日］竹内好著，孙歌编，李冬木，赵京华，孙歌译：《近代的超克·何谓近代》，生活·读书·新知三联书店2005年版，第197页。

③ ［日］竹内好著，孙歌编，李冬木，赵京华，孙歌译：《近代的超克·何谓近代》，生活·读书·新知三联书店2005年版，第215～217页。

东西一定会陈旧，而没有旧的东西之再生。日本文化在结构上不具有生产性。即可以由生走向死，却不会由死走向生。”[①]

沟口雄三对竹内好的观点的质疑：沟口雄三对于竹内好的观点提出了两点质疑：“第一，竹内好的近代观作为对欧洲近代的反命题，在事实上他的思路是受制于欧洲的；第二，在把中国的近代理想化的同时，竹内好也把日本的近代彻底否定了。这两种判断同属于一种反历史的视野，从这个视野里不仅无法产生客观的中国研究，也无法产生客观的自我认识和日本研究。”[②]

七、现代

西方人为区别对自身认知而提出“现代”一词，西方人发现，“新我”出现前，在漫长时间段内，身处黑暗的中世纪。欧洲步入现代前出现三大主题：文艺复兴、宗教改革、启蒙运动，重新发现古希腊和罗马文化，发现柏拉图、亚里士多德、马基雅维利。

欧洲通过扩张建构“异我”，“亚洲”是由西方命名的，地球的80%领土被西方人测算。亚洲，既在欧洲之东，又在欧洲之后。“理性”一词是西方人发明的。“非理性”一词也是由西方人发明的。欧洲重塑并强化了自我文化，划分了文明的等级：“文明的”“半开化的”“野

① ［日］竹内好著，孙歌编，李冬木，赵京华，孙歌译：《近代的超克·何谓近代》，生活·读书·新知三联书店2005年版，第213页。

② ［日］沟口雄三著，孙军悦译：《作为方法的中国》，生活·读书·新知三联书店2011年版，第298页。

蛮的”。

“现代”是一个时间概念。中国人没有时间概念，中国传统是讲时辰。六十年为一甲子，中国人持有循环观念，认为“天下大事，合久必分，分久必合”。而“现代”观念，是直线观念，过去、现在、将来。进步，就是往前走；落后，就是退步。持有直线时间观的人们的意识认为，未来比现代更好。

现代文明的特征：现代文明以繁荣、科技、现代专业化教育以及现代军事为特征。

传统资本主义国家，比如，英国是以经济贸易立国的国家，实行“贸易—商业—信用”体系，政治上实施立宪体制，资本主义贸易最核心的内涵是意思自治。

“乾隆朝拒绝和外国建立正常的外交和贸易关系，堵塞了交流的渠道，失去了借鉴和学习外部世界的机会，延误了社会的发展，增加了中国发展前途中的困难，这就是我们研究乾隆朝对外关系得出的主要结论。”①

西方的繁荣：美洲的发现和经由好望角到东印度的通路的发现，对于欧洲有什么利益？

“美洲的发现及绕好望角到东印度通路的发现，是人类历史上最大而又最重要的两件事。”亚当·斯密在《国富论》“论新殖民地繁

① 戴逸：《当代名家学术思想文库·戴逸卷》，万卷出版公司2011年版，第183页。

荣的原因”一章中指出:“欧洲政策，究竟在什么方面有助于美洲各殖民地最初的建立及现在的繁荣呢？在一个方面，只在一个方面，有很大的帮助。它哺育、造就了能够完成如此伟大事业，建立如此伟大帝国的人才。世界上，没有任何其他国家的政策，能够造就这种人才，实际上亦不曾能够造就此种人才。这些殖民地应当把它们富有积极进取心的建设者所受的教育与他们所以具有伟大眼光归功于欧洲政策，一些最大最重要殖民地，就其内政来说，亦就只有这一点，应归功于欧洲的政策。”[①]

中国建设现代化: 1964 年，周恩来在三届人大一次会议的政府工作报告中第一次宣布:“从第三个‘五年计划’开始，我国的国民经济发展，可以按两步来考虑:第一步，建立一个独立的比较完整的工业体系和国民经济体系;第二步，全面实现农业、工业、国防和科学技术的现代化，使我国经济走在世界的前列。”并以此作为在 20 世纪期间的奋斗目标。

第二部分　如何认识中国宪法

一、2017 年香港地区议员宣誓风波案

案件当事人分别为:香港特别行政区行政长官和律政司司长作为

① [英]亚当·斯密著，唐日松等译:《国富论》，华夏出版社 2017 年版，第 161 页。

原告，游蕙祯作为第一被告，梁颂恒作为第二被告，立法会主席作为第三被告。

该案判决书中，香港高等法院全面检讨了该案涉及的宪制和法律层面的规定。

法庭总结涉案争议焦点，阐释了香港的政治体制和行政长官的宪制责任。

案件的争议点：香港特别行政区行政长官有无权力对立法会主席相关准许梁、游二人“重新宣誓”的决定，提起无效诉讼？

此争议点需要置于香港地区的政治体制的背景下进行分析。在《中华人民共和国香港特别行政区基本法》（以下简称《香港特别行政区基本法》）设定的香港政治体制之下，虽然存在权力的分立和制衡，但并不是西方式的“三权分立”制度。一方面，香港特别行政区作为直辖于中央政府的地方区域，“中央拥有对香港特别行政区的全面管治权，既包括中央直接行使的权力，也包括授权香港特别行政区依法实行高度自治”。

另一方面，行政主导是香港地区的政治体制的重要特点，行政长官被赋予超然的法律地位，其不仅是香港政府的行政首长，也是整个特别行政区的最高领导人，代表特别行政区向中央政府负责。《香港特别行政区基本法》赋予行政长官以广泛的职权，包括了执行《香港特别行政区基本法》的权力。这也意味着，落实《香港特别行政区基本法》确定的“一国两制”原则，捍卫国家统一，是行政长官最为重要的宪制责任。因此行政长官有权采取包括司法诉讼在内的必要方式，要求法院确认立法会主席准许梁、游二人“重新宣誓”的决定无效。

对这一判例，我们或许可以从比较法的视野提问，中国历史传统为什么没有产生出分权制衡的理念？

什么是关键？“宪制一词来表述西方的分权体制，由‘民主’指谓西方由代议制所建构的责任政治，用‘法治’指称由一套健全的规范体系和完善的司法程序构成的法律制度。”[①]“宪制概念提供的价值主要是防御性的：它通过限制政府权力及其运作以保证个人自由的私人空间。其目标是通过防御性的制度设计来实现个人自由。”[②]

宪制的目标——富强为体，宪法为用：“中国宪制思想对宪制概念及其在西方学术世界的递进演化没有兴趣。中国宪制思想的眼睛紧盯的是西方繁荣的现实以及这种繁荣背后的秘密，它所关注的是西方宪制原理涵括的内容对解决中国问题的意义与价值。”[③]

“中国宪制思想并不讨论西方宪制原理的学术合理性，而是思考其学说与制度之于中国社会、国家的日常合理性，简而言之，中国宪制思想对西方的宪制原理不是研究，而是挪用。”[④]

“近代中国的宪制思想有自己的眼界，有自己的盘算和选择。它

① 王人博：《法的中国性》，广西师范大学出版社2014年版，第123～124页。

② 王人博：《法的中国性》，广西师范大学出版社2014年版，第126页。

③ 王人博：《法的中国性》，广西师范大学出版社2014年版，第244页。

④ 王人博：《法的中国性》，广西师范大学出版社2014年版，第244页。

也主张政府权力的有限性，但它在政府权力的有效性上投入的精力更多；它也探讨司法独立，但在一个团结的共同体的成长比一种权力的独立与否更重要。”“它对一个内部自洽的宪制概念没有兴致，它的重心是在西方宪制学理中掘取自己需要的东西。中国宪制思想的核心不在宪制，而在宪制能够带来的结果。”①

二、从新民到人民

（一）韩国学者白池云先生的《东方主义和西方主义——阅读梁启超〈新民说〉的一个方法论的试探》

梁启超的《新民说》以连载的形式发表在他自己主办的《新民丛报》上，他的《新民说》影响了几代人。梁启超的看法不同于王韬，王韬认为的“民”对应的是“君”，梁启超认为的“民”对应的则是“国家”。国家与其国民的有机联系，既是梁启超的叙述策略，也是其文本构造的主要方式。

“韩国学者白池云先生论文，《**东方主义和西方主义——阅读梁启超〈新民说〉的一个方法论的试探**》，它是迄今为止我所见到的研究此类问题最别具风格的论文，即便其中有些不能苟同的论说也让人喜欢。”②

“从最浅显的地方说，它深刻地揭示了以梁启超为代表的中国近

① 王人博：《法的中国性》，广西师范大学出版社 2014 年版，第 244 页。

② 王人博：《法的中国性》，广西师范大学出版社 2014 年版，第 258 页。

代思想在面对西方和中国自己（包括历史文化传统）时所采取的策略和方法，是中国近代思想方法某种程度上的真实再现。”[①]

大学之道，在明明德，在新民，在止于至善：“新民”这个词来自中国传统儒家经典著作《大学》，其云：“大学之道，在明明德，在新民，在止于至善。”朱熹将这三者看作《大学》的三个纲领。朱熹对“新”与“旧”的解释：“故学者当因其所发而遂明之，以复其初也。新者，革其旧之谓也，言既自明其明德，又当推以及人，使之亦有以去其旧染之污也。”[②]

“采补其所本无而新之”：“他把对朱子的这个阐释来与梁启超的‘新民’的方法论作比较：梁启超新民的第一条原则‘淬历其所本无而新之’与朱子的‘复其初’‘革其旧’的意思相通，而第二条原则‘采补其所本无而新之’则是梁启超的独创。而且，两条原则之间并不是对等关系，而是一种从属关系，即第一条从属与第二条。”[③]

“梁启超是‘五四新文化运动’的思想导师。他的书写方式，以及他对中国传统与历史怨恨式的抨击，都直接或间接地为‘五四’时期的青年提供了养分。梁启超的‘新民’在‘五四’青年那里变成了‘新青年’——一种被仔细挑选出来的‘民’。”[④]

“‘五四’精神最为完美的体现即是跃入现代的渴望。他们‘跃入’

① 王人博：《法的中国性》，广西师范大学出版社 2014 年版，第 262 页。
② 王人博：《法的中国性》，广西师范大学出版社 2014 年版，第 259 页。
③ 王人博：《法的中国性》，广西师范大学出版社 2014 年版，第 259 页。
④ 王人博：《法的中国性》，广西师范大学出版社 2014 年版，第 272 页。

的方式与路线则是达尔文主义意义上的‘时间性’，即一种线性的历史观。”[①]

（二）近代中国制宪史中的“人民”概念[②]

中国现行宪法的主语不是中国也不是个人，而是人民，你不理解“中国人民”这四个字，你就不可能理解整个中国近代史。从社会科学的规范来看，政治学注重政体分类学，故而“人民”和“君主”两个概念构成了政治学的核心元素。

近代中国宪法文本中的“人民”与“国民”：在近代宪法文件中，“国民”一词，首次出现于清政府的《重大宪法信条十九条》，其中第七条规定“上院议员，由国民于有法定特别资格者公选之”，此中“国民”一词即《钦定宪法大纲》中“臣民”一词的另一种表述。

“在涉及主权之所在时，多用‘国民全体’一词，比如，1912 年《临时约法》第 2 条‘中华民国之主权，属于国民全体’，而这一用法一直沿用到 1947 年的《中华民国宪法》。而在涉及具体的权利与义务时，多用‘人民’一词，其含义类似于当前语境下的‘公民’一词，比如，1912 年《临时约法》第 2 章《人民》，其中规定了中华民国人民的各项权利和义务，而 1913 年的《天坛宪草》，尽管其第三章标题是《国民》，但在这一章之下依然规定的是中华民国人民的权利与义务。”[③]

当代中国宪法语境中的“人民”概念：由上文可知，从《共同纲

① 王人博：《法的中国性》，广西师范大学出版社 2014 年版，第 273 页。

② 杨陈：《近代中国制宪史中的人民概念》，《政法论坛》，2013 年第 5 期。

③ 杨陈：《近代中国制宪史中的人民概念》，《政法论坛》，2013 年第 5 期。

领》以来，我国的宪法性文件中所使用的“人民”一词的含义都是这种新民主主义“人民—群众”观的反映，但更复杂的是，《八二宪法》中的“人民”具有了与先前的宪法文本所不具有的历史文化侧面。……“人民”一词有以下几种用法：

“1. 共和国的缔造者。2. 宪法的正当性来源，如‘本宪法以法律的形式确认了中国各族人民奋斗的成果’。3. 国家权力的所有者，如‘中国人民对敌视和破坏我国社会主义制度的国内外的敌对势力和敌对分子，必须进行斗争’（序言·第八段）；‘中华人民共和国的一切权力属于人民。人民行使国家权力的机关是全国人民代表大会和地方各级人民代表大会。人民依照法律规定，通过各种途径和形式，管理国家事务，管理经济和文化事业，管理社会事务’（总纲·第二条）。”①

中国人民作为共和国的缔造者、宪法的正当性源泉以及国家权力的所有者，其之间的区别在于用法第 1、2 点是用的一种叙述事实的语气，而用法第 3 点则更多的是一种应然的语气。

从思想史上对有关“人民”以及“人民主权”的学说进行一个全面的梳理，一般而言，关于“人民”概念的诸种理解可以分为两种类型，一种为实体性的，而另一种为非实体性的，而前者在历来的法律——政治理论中占主流的地位。

对实体性的“人民”理解：作为上帝或者历史主体的人民，人民

① 杨陈：《近代中国制宪史中的人民概念》，《政法论坛》，2013 年第 5 期。

与上帝联系在了一起。“人民的声音就是上帝的声音”……但只有从卢梭开始才赋予人民一种神性，使人民获得了凌驾一切之上的优越地位。其在《论政治经济学》中指出，人民之间形成公意是在“效仿上帝永恒的天命”，而“最普遍的意志总是最公正的意志，而人民的声音实际上也是上帝的声音”。

作为经验中的立法者（制宪者）的人民，“正如《美国宪法》所声称的那样，是‘我们人民’制定了宪法，但这个‘人民’到底是纯粹由**个体**聚合而成，还是生来就是一个**伦理性**的整体，并不是一个不存在争论的问题，一般而言，当代的**自由主义者**们倾向于前一种理解，而**共和主义者**们则倾向于后一种理解。但不管如何，在美国的建国者那里，‘人民’一词至少包含以下两层含义：一方面，‘我们人民’制定了美国宪法，不管对于‘我们人民’的理解是自由主义倾向的，还是共和主义倾向的；另一方面，经验中的人民，即在偶然条件下聚集起来的大多数，作为某种社会权力，同样是应当防范的。”[①]

① 杨陈：《近代中国制宪史中的人民概念》，《政法论坛》，2013年第5期。

附　录

焦洪昌老师：宪法是一种语言，是每代人参与对话的语言

宪法所规范的是公民与国家之间的关系，以及国家结构。从语义学的角度解读，“憲”，从心，从目，害省声。心、目并用。《说文》：“宪，敏也。”《尔雅》：“宪，法也。”没有敬畏就没有爱。

焦老师在宪法期中考评中出的论文题目：“心目中的宪法”，可以从宪法修改、实证上的宪法如何实施、违宪审查，宪法监督等不同角度来论述。他强调，宪法的普及，不仅仅是知识体系，宪法观念和价值更重要，要注重长远建设。宪法法律效力问题，是宪法法律基石。宪法是一种语言，是每代人参与对话的语言。

焦老师推荐的书目：美国布鲁斯·阿克曼《我们人民：奠基》、法国伊曼纽-约瑟夫·西耶斯《第三等级是什么？》、德国格奥尔格·耶里内克《人权与公民权利宣言——现代宪法史论》，这三本是不同时期宪法方面的最具有代表性的书。

一、布鲁斯·阿克曼《我们人民：奠基》

《我们人民：奠基》开篇第一章《内省》："美国是世界强国，但它有能力理解自己吗？难道说，到了今天，它仍然满足于作为智识的殖民地，借用欧洲范畴来解密其国家身份的意涵吗？""为了发现宪法，我们必须在没有源出异时异地的范畴指引的情况下去接近它。"[①] 该书序言部分提出了关键概念**"宪法时刻"**。

"宪法时刻"——它要持续十多年，而非数日或数月。宪法时刻的标志是不断升级的群众动员，要求根本性的变革。

宪法时刻终结："当革命政党赢得了一系列的选战，最终主导了政府的全部主要分支——众议院、参议院、总统和最高法院，一次宪法时刻即告终结。由此情形后会出现一个长的时段，美国宪法的更多的传统元素就将被改造，使其得以容纳新的革命性改革。"

自由主义/共和主义：路易斯·哈茨的"自由主义"指淡化政治，赞美个人具有生命、自由和追求财产的权利。

"美国是迟滞发展的典型，淡化政治，赞美个人具有生命、自由和追求财产（或者是幸福）的权利。因为美国人从来都不需要运用国家权力把自己从封建主义的桎梏下解放出来，所以他们是'生来平等'的，而且把国家看成对自然权利的绝对威胁。最好的政府是

① ［美］布鲁斯·阿克曼著，汪庆华译：《我们人民：奠基》，中国政法大学出版社 2017 年版，第 3 页。

管得最少的政府。”①

“剑桥学派”代表学者波考克“共和主义”强调平等、政治参与和公共精神的政治模式。

波考克的皇皇巨著《马基雅维利时刻》追溯了古典理念在意大利文艺复兴时期的新生和转型，此后又被 17 世纪英国革命中激进的共和分子所接受。波考克启发我们以这样的视角看待建国的联邦党人，他们有意识地面对共和自治的古典理念，并且试图为它们在现代世界中进行重新定位。

“其中的争论涉及，在哪一具体时刻，（新）古典共和主义思想被日益强大的颇具进行性的自由主义所征服，可能正是建国的联邦党人用新宪法谋杀了共和主义精神？”②

二、格奥尔格·耶里内克《人权与公民权利宣言——现代宪法史论》

德国法学家古斯塔夫·拉德布鲁赫在《法学导论》第二章“国家法”中指出卢梭的《社会契约论》并不是宣言的来源。1789 年法国《人权与公民权利宣言》的渊源，来自于北美各州的权利法案。

“在那个哺育了法兰西大革命的政治思想世界中，这些原则仍然

① ［美］布鲁斯·阿克曼著，汪庆华译：《我们人民：奠基》，中国政法大学出版社 2017 年版，第 27 ～ 28 页。

② ［美］布鲁斯·阿克曼著，汪庆华译：《我们人民：奠基》，中国政法大学出版社 2017 年版，第 27 ～ 28 页。

还没有相互关联地得以阐发。人们一方面一味地相信孟德斯鸠的分权理论和美国的人权宣言，另一方面又以卢梭的人民主权理论可以并行其道。只是到了格奥尔格·耶里内克时，才将卢梭的民主国家理论和1789年《人权宣言》之间的鸿沟予以揭示，并且最终予以阐明。”①

“对于宪法史来说，确定1789年法国人权宣言的来源成为一项重要的任务。这项任务的重要性对于解释现代国家的发展和理解国家保证个人的地位来说都具有重要意义。目前，法国《人权宣言》之前公法领域不同的先行者——从英国的大宪章到美国的独立宣言——都被一一列举并排序，但是对于法国《人权宣言》来源的详尽研究还没有出现。一个流行的观念是认为卢梭的《社会契约论》赋予了宣言以推动力，宣言的原型就是北美13个殖民地的《独立宣言》。”②

卢梭的《社会契约论》不是法国《人权宣言》的来源：“《社会契约论》的原则是与法国《人权宣言》相矛盾的。《社会契约论》的原则并不是要保证个人的权利，而是公共意志的不受法律限制的全能的权力。”③

北美各州的权利法案是《人权宣言》的模板：“如果我们越过法

① ［德］古斯塔夫·拉德布鲁赫著，米健译：《法学导论》，商务印书馆2013年版，第64页。

② ［德］格奥尔格·耶里内克著，李锦辉译：《人权与公民权利宣言——现代宪法史论》，商务印书馆2013年版，第5页。

③ ［德］格奥尔格·耶里内克著，李锦辉译：《人权与公民权利宣言——现代宪法史论》，商务印书馆2013年版，第8页。

国《人权宣言》往回看就会发现，1776 年 7 月 4 日的美国《独立宣言》就已经包含了对一系列的人的权利的阐述。然而，美国《独立宣言》只包含着一段关于权利的宣言的段落。这一段是：

我们认为这些真理是不言而喻的：人人生而平等，造物主赋予他们若干不可剥夺的权利，其中包含生命权、自由权和追求幸福的权利，为了保障这些权利，人类才在他们之间建立政府，而政府的正当权利，是经过被治理者的同意而产生的。当任何形式的政府对这些目标具有破坏作用时，人民便有权力改变或废除它。

这一段话表述如此笼统以至于很难从中读出或者说推导出一套权利系统。因此，从根本上说，美国《独立宣言》不可能作为法国《人权宣言》的模本。”①

“第一个设立了应当被称作权利宣言的州是弗吉尼亚州。”

“北美独立各州的新宪法在当时的法国广为人知。……在欧洲，直到最近人们还只知道美国联邦宪法。而在现代宪法史上具有重要地位的北美各州宪法却不为人知。”②

因此，“法国大革命的《权利宣言》绝大部分都是从美国各种各样的‘权利宣言’抄出来的。”③

① ［德］格奥尔格·耶里内克著，李锦辉译：《人权与公民权利宣言——现代宪法史论》，商务印书馆 2013 年版，第 10 ～ 11 页。

② ［德］格奥尔格·耶里内克著，李锦辉译：《人权与公民权利宣言——现代宪法史论》，商务印书馆 2013 年版，第 12 页。

③ ［德］格奥尔格·耶里内克著，李锦辉译：《人权与公民权利宣言——现代宪法史论》，商务印书馆 2013 年版，第 13 页。

民法学卷

精准性思维要求的民法

——刘家安老师访谈录

时间：2017年12月14日

地点：中国政法大学

受访人：刘家安，中国政法大学教授，硕士生导师

访问人：贾广芳，铭达律师事务所律师

罗马法学家就认为“法律是公正与善良的艺术”。善良是一种道德，但为什么说法学又超越了一般社会科学，从根本上看，法学通过一套规则的应用，对社会秩序予以管理；公正就是一种正义，通过善良与公正的艺术，通过立法者、司法者价值衡量，来解决社会纠纷。任何人都要通过结果来预知行为，所以要尽可能地追求法律的确定性。从这一层次上说，法学有其科学性的面向。

世人太忙碌了，难以顾及到生命中最重要的东西，包括学问。静下心来，弄清楚一两个小问题，产生知识增量，哪怕是最小的问

题，也比简单、粗糙地去编撰一部大块头的书，更有价值。

——刘家安

一、关于民事规范的立法

贾：有这样一种观点："法典出，法学藏"，民法学的研究重心从立法转移后，该走向何处去？

刘：民事规范不是创立的，是被发现的。

近两三代的法学者，主要任务是为立法服务；"国家至上主义思想"主张，国家立法机构应当通过立法为民众创设规范，而忽视谦卑地从生活本身去承认、去发现规范。民事规范不是创立的，是被发现的。如果立法者能够认识到这一点，法律的实施成本会更少；立法，就是将在现实中已经存在的事实规则，以法的名义通过成文的形式表现出来。

一方面，我们强调立法的国家权威、国家至上，国家立法为唯一的法律来源，而对更多存在于现实实践中的习惯法、交易惯例，不能给予足够的评价，如现行法规定：《民法总则》生效后，适用《民法总则》；《民法总则》没有规定的，适用《民法通则》的规定。没有法律规定，就依据法律政策，而不是去寻找习惯、习惯法。

另一方面，学者围绕国家立法转，学术更多地服从立法机构的目的，立法更多地带有政策性，学者对国家立法、对法律的塑造，受制于很多因素，综合现实各种影响，学术影响力相对较弱。

当代中国的学者，更多地面向国家立法工作，立法任务完成之后，不应再过多地围绕司法转。

还应注意，不能如有些学者，动辄批判法律，呼吁修改法律，呼吁立法。在这些人的潜意识中，只要立法者一声令下，修改了法律，法律就进步了；其实，法律的进步是悄悄地，是润物细无声式的，有些情形，法条一字不改，通过法律的解释，学者的理论，司法的认同，也可以给生硬的文字**填充鲜活的价值**。如此，可以重构、重新解释一个规范，使它合理；最简便、最为理想的方式是形成一个立法修正机制。无数实践事例表明，如果很难推动立法修改，也并不意味着就穷途末路，法学学者就无价值，法学教育就无意义了。

我相信，如果一代一代的法律人接受很多新的法律理念，一定会推动法学进步。恰似两个人，一个训练有素的学生，与一个仅仅背诵法条通过司法考试，就从事法律工作，是不一样的。前者会很综合地去看，会比较自如地运用很多法学解释的工具和法学方法论，后者会表现得比较教条。所以，我确信法学教育、法学研究仍是法学发展的基础。

同时，面向立法、司法，塑造法律共同体，我本人认为，法律共同体的概念最为重要。如果要问法学该走向哪里去，我的答案是，走向法律共同体。改良法律，不能围绕单一立法、司法权威，而应当以法学教育、法学研究为基础，塑造法律共同体。法学向何处去，有无数的工作可以做，法教义学的使命、需求，每天都存在发生和发展的可能性。2020年出台民法典，立法任务实现后，绝不是法典出，法学使命就完成了。

二、精准与科学性

贾：您强调民法是精准性思维的要求，请您谈一谈精准性与科学之间的区别是什么?

刘：用自然科学去界定法学，是18世纪法学思想方法，法学家试图用数学方法，如建立概念法学，用数学推理的方式，推算出裁判结果。概念法学，数理推理等形式理性，一度成为法学主流。

随着法学发展，人们越来越认同，作为人类行为规范的法学，受道德伦理学、心理学的影响更为明显，因此，不能用一种传统科学的概念本身来界定法学。罗马法学家就认为“法律是公正与善良的艺术”。

善良是一种道德，但为什么说法学又有超越一般社会科学的层面，从根本上，法学本身要求确实应有自己回答的问题，法学通过一套规则的应用，对社会的秩序予以管理；公正就是一种正义，通过善良与公正的艺术，通过立法者、司法者价值衡量，来解决社会纠纷的机制。任何人都要通过结果来预知行为，所以要尽可能地追求法律的确定性。从这一层次上说，法学有其科学性的面向。

同时，再尽可能减少人为的干预和影响，法官尽可能变得像机器一样，机械性地运用立法的书面条文规定，减少法官个人情感造成的随意性，这一点可以认为法学是向科学性这个方向努力。

法律人与非法律人的差别：法律教育更多的是塑形教育(formation)，这一点特别重要。现实生活中人们实际在凭直觉，推断某事要不要赔偿，而不是搜集证据后，推理出要赔偿。生活经验极其复杂，却有万变不离其宗的规律在起作用，非法律人与法律人有相似的思维，其差别，不仅仅是对法条的认知，而是对法律规范背后价值观的认知与衡量，从而内心形成一种对法的确信。

三、传承与创新

贾：您怎么评价民法学姚新华老师的观点“中华法系栽了大跟头，传承不够，谈何创新？”

刘：姚老师的观点，认为中华民族的伟大复兴，法律一定要有本国传统的法律思想文化在里面。姚老师是我的硕士导师，他的思想也会影响到我。今日的法律，要考虑自己传统的法律价值文化。民法学最为典型：现今民法从价值理念，法学思想，都在借鉴欧陆法学，亦步亦趋地，更加接近西方的法律语境、思想方法，几乎很难找到自己传统的法律理念。

我的观点是，法律技术、术语，可以是西方的，但一些制度价值，可以用中国文化衡量。但同时也应认识到，儒家传统文化，存在面对市场经济法律的适应性问题，个人主义的文化，更加适合市场经济下的法律运行模式。立法要有一定的引导性，同时，应注意法律的适应情形，法律的实效力，是不能不深加考虑的。

法学最忌贴上两个标签：一是时代标签，一是地域标签。法学忌讳贴标签，曾有人写博士论文，题目为《21 世纪的合同法》，这难道能成为法学论文吗？谁都知道，时代在变化，一些观念在调整，这是法学人的共识。法学研究，就是要寻求出不变的规律。另一个是地域的标签，某个地域的人会怎样，人类的物种，共识远超于个性化的认知，虽然人们宗教信仰、生活习俗差异比较大，但是一种制度，作为一种法律秩序，如市场经济的制度，一定是稳定的规则，大浪淘沙，留下的一定是通用的、良好的规则。

某一个时代人类存在对与错的共识，知道哪些是不好的东西，例如，某一施工单位，把电缆挖断了，造成工厂停电，停电的企业能否对施工单位要求予以损害赔偿？法条你也许看不明白，不同国家，侵权法的法律规范不尽一致，但几乎全世界的法院裁判都是基本一致的；法学研究就是尽可能地发现共性的东西，尽可能用法律规范化地表现出来。

四、传统不动产制度作为物权法体系核心制度的当代适应性

贾：把物分类为动产与不动产，当代社会，很多动产的价值已经远远超过不动产，有的同学会问，今天还在讲不动产制度仍然是物权法体系的核心制度，是否不合时宜？

刘：民法对动产与不动产的区分，这是物权法最重要的分类。现代社会，不像古代农业社会，土地价值最为珍贵。现今的一件珠宝、一个芯片，价值可能等同于一座大楼，但是，物权法制度，不因社会变迁和财富价值升降而变化。至今，不动产制度仍然是物权法体系的核心制度，为什么？

我认为，因为不动，就可以与登记制度相联系。登记簿全面展现不动产的信息，可以架构很多权利，我们眼睛可以看见，土地证上，可以把权利组成存在情况，登记区分得清清楚楚。不动产，确定了登记的部门，当事各方可以去登记部门查询。而动产，比如，手机，今天在上海，明天又去广东了，iPhone 手机，一次产出一万部，无法区分。所以，从特定，不特定，是否不可移动，经济制度查询的可行性，构建复杂的不动产权利体系等功能角度分析，尽管社会变迁，使得动产价值在上升，有的甚至远远超过不动产了，**今天财富估值，某些动产远远超出不动产的价值，包括金融产品，几乎都是准动产，但是物权法制度依然没有修改的必要**。

学生如果有这样的疑问，说那些都是 19 世纪的民法了，现今

21 世纪，财产都虚拟化了，金融化了，为什么还在讲以不动产为核心的物权体系，我会告诉他，这与物的价值大小无关系，这是法学的特点，与权利本身如何去架构，如何公示、抵押、质押，如何去保障，**从物权公示、公信的角度去理解**，这才是物权法律制度的重点。

五、对法律的适应情形和法律的实效力，是不能不深加考虑的

贾：《民法总则（征求意见稿）》公布，民众讨论过程中，对"拾得遗失物"条款的规定，产生了较大的社会反响，意见存在较大分歧，请您释义一下。

刘：专家原稿的建议是，不仅要报销必要的费用支出，还要给报酬呢。所谓的民众的声音是你连报销都不能要，你给人家做好事了，还要倒贴点。如果更理性地思考，会发现这种观点是经不起实践检验的，可以讲道理例证：

出租车司机，捡到内有几十万元的包交回去了，被当作道德楷模加以宣扬，《民法通则》和《物权法》规定，不能索取一分钱酬金，这是你的基本法律义务，这样的义务构成，法律上没有任何的请求权。法律上就是这样的立法标准，立法机构都是以道德楷模为圆心进行立法，但人是有欲求的，是有血有肉的，从人性的角度，要把

道德和法律分层，丝毫不会影响全社会道德水平。认为收取酬金会降低社会道德水准，这是毫无根据的。

很好的辩驳事由是，如果法律上规定，公民的基本义务，拾得物归还给失主，不能收取酬金，这样实施的法律后果是，社会现实中，更多的失主找不到遗失物，民众根本没有道德实现感。相反，如果法律规定，应当归还失主，如果失物价值 1 万元，我可以获得 10% 的回报，也就是 1000 元，人们在思想纠结权衡后，更多人会返还失物，增加道德实现感，如此反而提升了社会治理效果；同时，法律上赋予我的权利，我可以放弃这个权利，我会以高于法律基本义务的标准去行为，可以通过弃权的方式实现道德。

研究中国法制史的学者认为，古代中国的统治者，并不是总制定出一些没有用的法律，而是太过执着于理想形态，反而使法律脱离现实并往往失去实效性，故在中国的古代，轻蔑法律的风气甚为盛行。因此，对法律的适应情形和法律的实效力，是不能不深加考虑的。

这一问题，表象是法律人和非法律人的差异，实际是一个没有充分沟通释义的问题：对非法律人，思维上的不同，表象与实际有所差异，略加引导，人们就可能会接受，举例说明：高空抛物致损连带责任扩大责任人范围。高空抛物致损，某一天你的邻居做了损害别人的事，无法确认抛物人，你应当负连带责任，相当于连坐责任，你什么也没干，却要为他人行为负责。违背自己的行为自己负责的原则。我们没有个人主义传统和相关的法律思想建设，自己的行为自己负责的个人主义文化传统有所缺失，某种意义上讲，应该进行文化补课。相信经过几代人的努力和市场经济的发展，这种情况慢慢地会有所改进。

区分法律上的行为标准，与道德上的行为标准，增加道德实现感：举世不同的文化国家，都认为返还拾得遗失物应该得到酬金。很多制度，在借鉴过程中，存在如何与中国国情相适应的问题。从文化的角度去解读，高唱中国文化是倡导“拾金不昧”的这些人，其实对中国传统文化了解并不充分，这一观点没有任何数据支持。例如，对待高利贷的规定，基督教文化是严禁高利贷的，高利贷是会演变成暴力的，是禁止的。反倒是中国传统法律对高利贷，并无严格的禁止。

我们还应区分法律上的行为标准，与道德上的行为标准。法律上规定给付报酬，高水准道德者，可以放弃返还拾得遗失物应得的利益，这样的规定更有助于公民的道德实现感。许多问题，没有经过深思熟虑，就贴上标签，会导致写在书本上的法律，与社会实际脱节。

六、案例解析

贾：2017 年北京某区法院的有关《房屋买卖定金合同》的一个判例，当事人不服，请予以解析：房屋买受人甲，与出卖人乙（房屋产权证登记产权为被继承人父亲，乙为被继承人之子）以被继承人父亲的代理人签订《房屋买卖定金合同》，甲依约履行该合同，交付定金12万元，后乙反悔。

甲诉至法院，法院以作为被继承人的父亲已经死亡，无法成为合同主体为由，判决认定《房屋买卖定金合同》不成立，不适用定金罚则。甲不服判，上诉。一审判决是否存在问题?

刘：显然不能认同法院的判决，一审法院的判决过度、机械、教条地解释合同，存在法律解释的问题。一个以已经去世被继承人的名字订立的合同，可能当事人是基于这样的考虑：因为没有完成房产证的过户，如果以被继承人的名义，即房产证上登记所有权人名义订立合同，继承人直接以代理人名义签订合同，不必走遗产过户，因为房管局不查询被继承人是否过世的信息，这就比较方便，订立合同到过户，直接从死者名下过户到买受人名下，否则，怎样解释会以死者的名义订立合同呢？综合当事人的真实意思表示，实际是以作为继承人的儿子作为出卖人，来进行的交易。

合同意思解释的规则：可以简单通过一个合同解释、意思解释的规则：本案形式上所谓的代理人，实际是直接作为出卖人，与买受人签订《房屋买卖定金合同》进行交易，定金合同是有效的。仅仅是一个简单的合同解释问题；判例中法官却直接就以死者作为出卖人为由，认定《房屋买卖定金合同》不成立，这样买受人在交易中的正当预期，完全落空了，这是绝不应该的；买方、卖方自愿订立合同，有什么事由，仅仅因为在代理人处签名，就认定实际出卖人为代理人，判定整个合同不成立；法官稍微解释：本合同，所谓的代理人，实际是作为卖方，与买方之间进行的交易，签订《房屋买卖定金合同》，该合同是有效的。因为房价上涨，卖方反悔了。目前法院的判决，与民众的普通观念相违背，当事人一方肯定不服判决。

民法精准性思维的体现

——刘家安老师讲物权法与债法总论

希望同学们听从我的建议，初学物权法，把各类物权类型与所有权比照学习，以所有权为标准，分析、比对权利的异同。

民法的精髓，是对自由意志的尊重与保护。民法学习，应重视体系性问题，单个概念在整个民法体系中的位置、定位在哪里？民法——精准性思维体系，像外科手术一样精准性。

——刘家安

第一部分　物权法

（一）学习物权，前提是先要理解什么是民法上的物？

案例评析：售卖德国“世界杯空气案”

“德国空气”无销售许可世界杯空气买卖泡汤。

2006年德国世界杯比赛期间，德国一家公司推出了一种用绿色塑料袋盛装的各个球场割草后的“世界杯空气”的产品，这种空气受到了一些不能到场看球的球迷的欢迎。

6月9日，曾经成立“月球大使馆”号称出售月球土地的李捷再次语出惊人，宣布自己将在世界杯比赛期间销售德国“世界杯空气”，并表示该空气为德国一公司出品，袋内是割草后球场的新鲜空气。为销售此产品，李捷到工商部门变更自己公司的经营范围，但没有成功。

关于“世界杯空气”是否可以作为商品出售的问题，首先要识别什么是民法上的物，或者说民法上承认保护物的范围是什么？

1. 物的法律特征[①]

有体物：包括不动产与动产，指能够被触及之物。

无体物：不能被触及之物，所有权以外的权利，包括遗产、用益权、地役权、债权等，以及光能、电能、热能等自然力也属于民法上的物，但需符合物的其他条件：可利用性；稀缺性；被视为动产。

可支配性权利之客体必须能为人力所支配，凡人力所不能支配者均不能成为物权的客体，尽管在现实世界中有其客观存在。

2. 关于法律是否允许支配的问题

（1）可使用性。

（2）伦理性：法学的使命不在于以科学的方法去探究事物的本质，而在于规范人类个体及群体的行为。就此而言，人类社会长期发展的伦理道德观念，对法律的影响可以说是无处不在的，这一点，

① 参见刘家安：《物权法论》，中国政法大学出版社2015年版，第13～15页。

同样适用于关于物的界定。

(3) 人之身体是否是法律上的物？继承人出卖死者遗体之合同，其效力如何？人之活体虽具有物质性，但作为主体的构成要素，不构成法律客体，也不构成物。基于伦理的考虑，遗体也不被作为通常的物加以看待，因此不属于继承人继承的遗产。[①]

案例评析：冷冻胚胎案[②]：胚胎比非生命体具有更高的道德地位

江苏宜兴一对“双独”夫妇在南京一家医院做试管婴儿，并留下4枚冷冻胚胎。在实施移植之前该对夫妇不幸因车祸双双离世，双方老人与医院对簿公堂要求继承胚胎。宜兴法院一审认为，冷冻胚胎具有发展为生命的潜能，是含有未来生命特征的特殊之物，不能像一般之物一样，任意转让或继承。施行体外受精胚胎移植手术的夫妻已经死亡，其留下的胚胎所享有的受限制的权利，不能被继承。据此，一审法院判决驳回了当事人对冷冻胚胎监管和处置权的请求。

无锡中院二审认为，胚胎是介于物与人之间的过渡存在，具有孕育成生命的潜质，比非生命体具有更高的道德地位，应受到特殊的尊重和保护。虽然依据相关规定胚胎不能买卖、赠送，并且我国法律也禁止实施代孕，但不能否定权利人对胚胎享有相关的权利，据此二审法院撤销了一审判决，判决4位老人共同监管和处置医院

① 参见刘家安：《物权法论》，中国政法大学出版社2015年版，第15页。

② 参见刘家安：《物权法论》，中国政法大学出版社2015年版，第16页。

的 4 枚冷冻胚胎。

（二）不动产与动产的区分，是民法上对物所作的最为重要的分类[①]

分类很重要，有些学科，就是建立在分类的基础上的，如动物学、植物学。物权法上**不动产与动产**分类的意义表现在：

1. 构成《物权法》立法体系的基础构成。《物权法》第二章“物权的设立、变更、转让和消灭”直接以不动产与动产的区分作为构建我国物权变动基本规则的基础。

另外，就《物权法》所规定的具体物权类型来说，也可清晰地观察到这种分类的重要性：建设用地使用权、宅基地使用权、承包经营权和地役权等用益物权基本建立在不动产为其客体上，相反，担保物权中的质权、留置权均不得以不动产为客体。

2. 物权的公示方法不同：不动产具有特定性和不可移动性，在技术上可以建立起一套行之有效的登记及查询制度，准确地反映不动产物权的归属及变动情况。

动产原则上不适合纳入特定的登记体系，故动产原则上以占有为其权利的外观，动产物权的变动以占有的转移（即“交付”）为其公示方法。

3. 物权变动的法定要件不同。

不动产不仅以登记作为其物权归属的公示手段，而且基于法律

① 参见刘家安：《物权法论》，中国政法大学出版社 2015 年版，第 24 页。

行为的不动产物权变动（设立物权、转移物权等）原则上也须以登记为其生效要件。

（1）不动产登记：《物权法》第9条，不动产物权的设立变更转让和消灭，经依法登记，未经登记不发生效力，但法律另有规定的除外。

（2）动产交付：动产物权的变动通常无须登记，而仅须交付即可。即便对于汽车、轮船、航空器等特殊动产言，登记也仅是其对抗要件，而非物权变动的生效要件。

《物权法》第24条，船舶航空器和机动车等物权的设立变更转让和消灭，未经登记不得对抗善意第三人。[①]

（三）不动产制度为物权法制度核心的当代适应性

当代社会，很多动产的价值已经远远超过不动产，有的同学会疑问，把物分类为动产与不动产，这是物权法制度的重点。现代社会，不像古代农业社会，土地价值最为珍贵，当代社会一件珠宝、一个芯片，价值可能等同于一座大楼，但是，为什么物权法不因社会变迁、财富价值变化而变化，不动产制度至今仍然是物权法体系的核心制度？

因为不动，就可以与登记制度相联系。登记簿全面展现不动产的信息，可以架构很多权利，我肉眼可以看得见，土地证上，可以把权利组成存在情况，登记区分得清清楚楚。不动产，确定了登记

① 参见刘家安：《物权法论》，中国政法大学出版社2015年版，第24页。

的部门，当事各方可以去登记中心查询；而动产，比如，手机，今天在上海，明天又去广东了，iPhone 手机，一次产出一万部，无法区分。所以，从特定，不特定，是否不可移动，经济制度查询的可行性，构建复杂的不动产权利体系等功能角度分析，**尽管社会变迁，使得动产价值在上升，有的甚至远远超过不动产了，今天划分财富，动产远远超出不动产的价值，包括金融产品，几乎都是准动产；但是物权法制度依然没有修改的必要**。

这是法学的特点，与权利本身如何去架构相关联，不动产具有特定性和不可移动性，在技术上可以建立起一套行之有效的登记及查询制度，准确地反映不动产物权的归属及变动情况。如何公示，抵押、质押如何去保障，**从物权公示、公信原则的角度去理解**，这才是法律制度重点。

（四）物权效力问题

这个问题，从法律角度该怎样解释？例如，甲遗失手机，被乙拾得，甲如何主张自己的权利？

可以直接引用《物权法》第 34 条，“无权占有不动产或者动产的，权利人可以请求返还原物”，甲对乙拾得的遗失手机，有权要求返还；甲还可以主张乙无权占有的不当得利返还。

严谨的思考过程应是，**把甲视为所有权人，乙作为无权占有人对待，遵循着物的逻辑**；物所有权人，与特定被请求人之间，存在物权关系与债权关系竞合，既可以选择物上请求权，也可以选择债权请求权。这是一种法律的思维方式，即把责任的逻辑，转换为法律上请求权的思维方式，**以怎样的请求权主张救济权利**。

所有权优先性：在“一物二卖”的场合，所有权的优先性表现得十分突出。如将某动产先出卖给乙，尚未交付，后又出卖给丙，并立即交付了该标的物，丙通过受领交付成为标的物的所有权人，而此时乙仅仅是买卖合同上的债权人。依物权的优先性规则，乙不得以其债权发生在前为理由，而主张优先获得标的物，乙不得依其债权向丙提出任何权利主张，而只能向甲主张违约责任的承担。①

所有权的追及效力：“甲不慎遗失手机，被乙拾得；乙将该手机赠与丙，甲在丙处发现自己遗失的手机，遂向丙要求返还，丙则以手机系受赠取得，而且自己与甲之间没有任何法律关系为由拒绝返还。”②

甲能否向丁要求返还手机？如果丙是在不知该手机系甲之遗失物的情况下从乙处购买了该手机，则甲能否向丙要求返还？

“不仅甲可向乙直接要求所有物的返还，而且，在乙将该物赠与丙时，由于丙不能因此获得所有权，而相对于所有权人甲而言，丙的占有仍属无权占有，故甲也可向丙直接主张物的返还。只有在第三人丙依法（如依动产善意取得之规定）取得该物所有权的情形，如购买，原所有权人才因为物权的丧失而无法再要求物的返还。就

① 参见刘家安：《物权法论》，中国政法大学出版社 2015 年版，第 43 页。

② 参见刘家安：《物权法论》，中国政法大学出版社 2015 年版，第 45 页。

此情形而言，并非所有权失去了追及效力，而是原所有权人的所有权本身发生了消灭。”[①]

“甲因向乙借款而将其电脑质押给乙，乙将电脑寄存在丙处，丙将电脑卖于不知情的丁；丁可依据《物权法》关于善意取得的规定主张取得电脑的所有权，甲因此将丧失电脑的所有权。”[②]

“因为善意取得属于原始取得的方式，故该电脑上先前存在乙的质权也消灭，也就是说，丁取得的是一个完整的、没有他人权利负担的所有权。”[③]《物权法》第108条明确规定：“善意受让人取得动产后，该动产上的原有权利消灭，但善意受让人在受让时知道或者应当知道该权利除外。”

（五）用益物权及我国土地制度的发展路径

《物权法》对用益物权的界定为：“用益物权人对他人所有的不动产或者动产，依法享有占有、使用和收益的权利。”用益物权指在他人之物上享有的占有、使用和收益等权能的物权。

用益物权具有两项主要的社会功能：“(1) 增进物尽其用的经济效用，他人可支付一定代价获得物之利用，而不必取得物之所有权。用益物权具有调剂‘所有’与‘利用’的功能，而从‘归属’到‘利用’已成为现代财产制度的重心。(2) 使物的利用关系物权化，巩固利用人的法律地位，使其具备对抗第三人的效力，从而稳定利用

① 参见刘家安：《物权法论》，中国政法大学出版社2015年版，第45页。

② 参见刘家安：《物权法论》，中国政法大学出版社2015年版，第53页。

③ 参见刘家安：《物权法论》，中国政法大学出版社2015年版，第53页。

关系，使其一方面不受所有权人出让所有物的影响，另一方面也可直接对抗对其权利行使造成妨害的第三人。具有对抗第三人的效力，这是用益物权在法律结构上异于债权性之利用权的特色。”①

土地制度的法律规定：“不动产物权之如何构成与土地政策所关甚巨，土地法为民法之特别法，互为表里，交相互证，若非合而观之，难以知其全豹。”（参见史尚宽《物权法》）

我国1982年《宪法》确定了严格的土地公有制，土地只能归属于国家和集体所有。无论是在权利类型上，还是在权利的具体内容及其行使方式上，我国现行法上的用益物权都与土地私有制之下的用益物权存在相当大的差异。②

《物权法》上的用益物权制度，完全是以《宪法》所确立土地公有制为基础，**并在城乡二元和土地用途管制的框架内确立**。20世纪70年代末以来的土地制度变革，通过在公有土地上确立承包经营权、宅基地使用权等私人享有的权利，在一定程度上缓解了土地公有的前提与私人利用的需要之间的冲突。

目前土地制度，对用益物权体系的影响③**：**

（1）“由于自然人和法人不能成为土地的所有权人，而土地在许多情况下又需要由私人加以具体利用，而且这种利用关系又要求具有相当的稳定性，这就导致了我国用益物权存在的普遍性：对于集体

① 参见刘家安：《物权法论》，中国政法大学出版社2015年版，第135页。

② 参见刘家安：《物权法论》，中国政法大学出版社2015年版，第136页。

③ 参见刘家安：《物权法论》，中国政法大学出版社2015年版，第136页。

所有的农用地，普遍存在农户的土地承包经营权；对于集体所有的住宅用地，普遍存在宅基地使用权；对于国有的建设用地，普遍存在建设用地使用权。”①

(2)“土地公有制条件下，用益物权的创设行为并非严格意义上的纯私法行为，例如，无论是土地承包经营权，还是宅基地使用权，都更多地带有以集体成员身份为前提的‘分配’色彩；而建设用地使用权的取得虽不对取得人的身份进行限制，而且也可以采用市场化的手段，但是，毫无疑问，代表国家行使土地权利的出让方（行政机构）并不能像一个私人那样自由行动，于是才有相关法律要求土地出让合同采用拍卖、招标、挂牌等方式订立。”②

(3)“**用益物权人之所以需要将用益权利设定为一种物权，其目的主要就是用具有对抗效力的用益物权来对抗新的所有权人**，因为仅仅基于债权的利用关系将不得对抗从原所有人处继受所有权的受让人。”③

“在土地公有制条件下，所有权本身不可能发生基于法律行为的转移（国家征收集体土地乃是基于行政行为），因此，用益物权本身具有对抗性的实际意义也就相对有限。或许正因为如此，《物权法》对宅基地使用权、土地承包经营权以及地役权的设立未采取登记生

① 参见刘家安：《物权法论》，中国政法大学出版社 2015 年版，第 136 页。

② 参见刘家安：《物权法论》，中国政法大学出版社 2015 年版，第 136 页。

③ 参见刘家安：《物权法论》，中国政法大学出版社 2015 年版，第 136 页。

效主义。”①

（六）周其仁教授在《改革的逻辑》中指出土地制度改革仍属于半拉子工程，不继续改革不行。其对当前土地制度现状问题分析如下：

关于农村集体用地存在制度缺失：②

第一个问题，中华人民共和国是国有土地和集体土地，两种土地类型，城市国有土地的使用权可以转让，却**没有给农村集体土地转让提供法律框架**。

“1. 全国人大 1988 年的《宪法》修正案规定：中华人民共和国的土地所有权不得买卖，不得租赁。但是后面加的一个，土地的使用权可以依法转让。这是 1988 年写进《宪法》里的，什么是土地的使用权可以转让呢，没有具体说明。

那么中华人民共和国的土地就分为两种，一种是城市的国有土地，一种是农民的集体土地。《宪法》这个原则从字面上来讲，这两种土地的使用权都可以转让才对。但是，当时《宪法》里写上一句话叫作可以依法转让。

2. 1990 年土地转让的细则和规定出台，出台了以后变成了城市国有土地转让，集体的土地没有说明，也没有与此相应的立法。上层建筑确认法律权利，仅仅给了城市土地的使用权可以转让，没有

① 参见刘家安：《物权法论》，中国政法大学出版社 2015 年版，第 136 页。

② 参见周其仁：《改革的逻辑》，2014 年 5 月 11 日晚在北京大学国家发展研究院“国家发展系列讲座”上的发言。

给农村的土地转让提供框架。这是第一个问题。”[①]

第二个问题，1999 年《土地法》，**征用农村集体用地利益补偿存在倾斜**。

“我们已有的城市建设用地用完了，要扩大，这些年工业增长很快，城市扩张很快，怎么办？政府有权，为了公共利益可以征用农村集体用地。”[②]

（1）我们改了 30 年，有关征地的办法这一点上没有改。规定是政府有权征用，政府决定怎么赔偿。早年政府的财力有限，为了让政府有限的财力可以搞更多的国家基础设施，搞公共设施，所以我们早年的立法是倾斜的，是向城市倾斜的。

（2）征地时，存在不是公共利益，而是商业用途的，比如，批准一块地建高尔夫球场，搞一个商场，搞一批商品化的住宅也征用农村集体土地。形成在法律框架下，我们地方政府就可以一手到农民那里去征地，另外一手向市场竞拍。这种情况持续发展，形成了一个今天叫作所谓的土地财政，其实不止财政，这块地拿来押给银行，从银行贷款。

市场化改革中，因为土地在升值，但是升值这套架构没有完善处理里面每一个环节利益再分配，就变成了社会化进程、城市化进

① 参见周其仁：《改革的逻辑》，2014 年 5 月 11 日晚在北京大学国家发展研究院“国家发展系列讲座”上的发言。

② 参见周其仁：《改革的逻辑》，2014 年 5 月 11 日晚在北京大学国家发展研究院“国家发展系列讲座”上的发言。

程中严重的社会矛盾。[①]

（七）集体土地使用权可让渡性，面临深化改革的急迫需要

“在农村集体土地方面，迄今为止的改革以及落实此种改革成果的各项法律制度，主要只是解决了私主体静态利用农用地和住宅用地的问题。承包经营权和宅基地使用权人固然获得了集体土地的使用权，但法律却未充分承认此种权利的可让渡性，有些权利（如宅基地使用权）甚至几乎没有自由让渡的可能性，而且，由于宅基地的不可让渡性，进而导致了宅基地之上的农村房屋所有权的让渡困难。”[②]

“当前，我国的土地制度，尤其是集体土地利用制度，正面临进一步深化改革的急迫需要。**未来土地变革的合理路径应该是：在坚持土地所有权归属于国家和集体的前提下，强化以用益物权为表现的土地利用权，将后者塑造成物权效力完整的私权，甚至使其发挥‘准所有权’的功效**。”[③]

亚当·斯密《国富论》指出，低廉的土地，奖励了婚姻及生育，殖民地得以开拓发展，并渐趋繁荣。土地作为大宗商品，与社会上的一切都有着密切的关联。

---

① 参见周其仁：《改革的逻辑》，2014 年 5 月 11 日晚在北京大学国家发展研究院“国家发展系列讲座”上的发言。

② 刘家安：《物权法论》，中国政法大学出版社 2015 年版，第 136 ～ 137 页。

③ 刘家安：《物权法论》，中国政法大学出版社 2015 年版，第 137 页。

第二部分　债的给付义务群

在债法总论讲解中，刘师很清晰地分析了债务履行给付义务群，给付行为、给付效果，分清楚主给付义务、从给付义务、附随义务。

在律师实务中，审查、草拟合同时，仅仅要求给付行为，还是要求给付效果，要求对方履行合同要达到预期利益，在合同中应当明确约定；主给付义务、从给付义务，如在房屋买卖或租赁合同中，审查合同重点，不仅仅是主给付义务，从给付义务，如停车场、停车位的提供，都应详细列明。

债的效力是指债权债务发生法律上的约束力，债的效力从原理上分为三种：债权的效力，债务的效力，不履行债的效力。

（一）债务的效力：众多的债权或者义务组成有机组合——成长、衰老，直至最后死亡——动态发展的义务群

广义的债务关系并非一个单一的给付关系。如德国法学家梅迪库斯所言："广义的债务关系是一个极其复杂的架构，而这一复杂的架构主要由众多的债权或者义务（狭义的债务关系）组成。这也正是人们将它称作'架构''有机组织'的原因。在这里，后两个称谓除表示复杂性之外，还应当表示广义债务关系所具有的另外一个特征，即它不是静态地僵固于一个一成不变的状态之中，而是随时间变化不断地以多种形态发生变动：它在'有机组合'这一形象称谓中出生，并且可以成长、衰老，直至最后死亡。"

精确解释和适用法律规范之目的，债务关系既然有着如此复杂的架构，就有必要对给付义务及债务关系上的相关义务加以区分解析，从而确立一个多层、动态且具有发展性的“义务群”。对这一义务群的解构，即是为了给某些规范提供理论上的基础。

（二）债的给付义务群——以合同之债为中心

此部分虽属债法总则的内容，且其他债务关系的确也存在多层次义务的问题，但是，作为所谓“有机组合的”义务群主要系针对合同之债而言。多层次、多元性结构，脑海中预设的都是合同之债，设计时，都是以合同这一最为复杂的权利义务关系为模式的。

侵权行为的义务结构相对简单，不是复杂的交易关系；无因管理，大家注意到，是类似于双务合同的规定，管理他人事务者，自身遭到损害、损失，管理人报告管理事项，管理活动还表现为将收益移交被管理人。

（1）合同法规定了许多义务，给付义务是债务人为特定行为，区分为主给付和从给付义务。

（2）根据给付要不要效果，可分为**给付行为和给付效果**

给付行为：给付行为完成，债务即履行完毕，效果在所不问，一般雇佣合同都为给付行为。律师、医生、会计师等均不能用效果来要求，所以要通过职业资格考试保证最低水平，保护消费者利益。

给付效果：是要求给付行为要满足债权人的预期利益的给付。如完成了给付行为，但不能使债权人满足预期利益，就不符合给付效果。如：买卖、承租、行纪、居间合同等均要达到预期利益。

（三）主给付义务、从给付义务、附随义务

1. **主给付义务**：是指决定债的类型，并且是债必备和固有的义务，如买卖，卖方交付货物，买方付款，如卖方不交付，为租赁，买方不付款，为赠与。所以，主给付义务决定合同的类型。

确立主给付义务的意义：依主给付义务确立（合同之）债的类型，并将具体案件涵摄到相关法律规范之下，主给付义务的不履行，可导致合同解除权的产生。（不履行从给付义务原则上不引起解除权）。

就《合同法》第66条、67条所确立的双务合同的同时履行抗辩权与不安抗辩权而言，构成抗辩权行使基础的应为所谓“对待给付”，而主给付义务当然构成对待给付。（从给付义务则未必）。

对合同纠纷案件的审理而言，首先需要**识别案件所涉及的合同是否为有名合同**。**如果系有名合同，它属于何种有名合同**。**在这一判断过程中，需要将相应合同类型的主给付义务的结构与案件的事实构成相比对**。

例如，李杏英因超市存包与被告上海大润发有限公司杨浦店、上海大润发有限公司发生财产损害赔偿纠纷案。法官就是从保管和借用合同两种合同关系的主给付义务的差异出发，将所谓自助寄存认定为借用合同关系。①

“**原告**李某**诉称**：其在超市购物时，将装有5000余元现金的皮包

① 参见刘家安：《债法一般原理及合同》，高等教育出版社2012年版，第43页。

存放在超市设置的自助寄存柜内，购物结束后原告发现包已不见踪影，遂要求被告赔偿，被告方除辩称原告无法证明其确实在超市存包以及无法证明包内财物外，其对本案所涉及自助存包之法律关系的性质提出了不同看法。”①

被告认为，自助存包的模式当事人之间并**不成立保管合同，而是成立借用合同**，即超市将自助寄存设施出借给消费者使用。

“法院经审理认为：《合同法》第365条规定：‘保管合同是保管人保管寄存人交付的保管物，并返还该物的合同。’第367条规定：‘保管合同自保管物交付时成立，但当事人另有约定的除外。’依照上述法律规定，保管合同是实践合同，即保管合同的成立，不仅须有当事人双方对保管寄存物品达成的一致意思表示，而且还需寄存人向保管人移转寄存物的占有。”②

“而自助寄存并不存在这一必要，**双方当事人就使用自助寄存柜形成的不是保管合同关系，而是借用合同关系**，现无证据证明借用人因借用物的缺陷而受损害。**法院**据此判决，驳回了原告的诉讼请求。”③

2. 从给付义务

（1）自功能方面观察，从给付义务有辅助主给付义务的作用，从而确保债权人的利益得到更大的满足。

① 参见刘家安：《债法一般原理及合同》，高等教育出版社2012年版，第43页。
② 参见刘家安：《债法一般原理及合同》，高等教育出版社2012年版，第43页。
③ 参见刘家安：《债法一般原理及合同》，高等教育出版社2012年版，第43页。

（2）从给付义务的发生原因。基于法律规定：如承运人为旅客运送行李，托运人的报告义务；基于当事人的约定：例如雇佣合同所附加的不得兼职的约定；基于诚实信用原则。

（3）从给付义务不具独立的意义（不是另外一个独立的义务），仅具辅助主给付义务的功能，其存在的目的不在于独立决定债的关系类型，而在于确保债权人利益能得到最大的满足。

（4）从给付义务可以独立以诉请求之。是否构成双务合同上的对待给付义务，应视对合同目的之达成是否必要而定，如血统证明书对赛马资格的取得很重要。

支付货款要求开具发票是从给付义务还是附随义务？“原告诉称，原告向被告供货后，被告以各种理由拖欠货款4万余元。被告辩称，由于原告不向其开具销售发票，故其有权拒付货款。”①

“法官审理后认定，原、被告之间的购销合同合法有效，双方亦无先开具发票后付款之约定或者交易习惯，因此，支付货款为主要合同义务，开具发票为附随义务，原告不开具发票不能成为被告不履行支付货款义务的抗辩事由。”②

评析：“本案被告因原告未开具发票而拒付货款，其行为实际上是在行使《合同法》第67条规定的顺序履行抗辩权。本案法官将开

---

① 刘家安：《债法一般原理及合同》，高等教育出版社2012年版，第45页；广东省深圳市宝安区人民法院民事判决书（2010）深宝法民二初字第3068号。

② 刘家安：《债法一般原理及合同》，高等教育出版社2012年版，第45页；广东省深圳市宝安区人民法院民事判决书（2010）深宝法民二初字第3068号。

具发票的义务认定为‘附随义务’，实际上是对法律术语的误用，该义务应为出卖人所负担的从给付义务。至于被告能否以原告未履行从给付义务作为自己不履行付款这种主给付义务的抗辩事由这一问题，法官以不存在此种交易习惯为由，给出了否定的答案。如果发票为增值税发票，则会导致买方承担多余税款。”①

3. 给付义务群——附随义务设立的必要性

定义：在债的发生过程中，债务人应履行的保护、照顾、通知等义务，是附随义务。《合同法》第 60 条第 1 款确立了全面履行的原则，第 2 款则明定了通知、协助、保密等附随义务。

附随义务与从给付义务的区别：

（1）看是否自始产生，从给付义务自始产生。附随义务随着行为动态产生。

（2）从给付义务可以独立诉请履行，附随义务不可独立诉请履行。对于附随义务的不履行应构成债务的不完全履行，可以适用违约责任的相关规定。又由于附随义务不能诉请实际履行，故债权人可就相关损失向债务人主张基于违约的损害赔偿。

我国《合同法》规定了此项义务，是随着保护债权人意识的加强而产生。如：坐火车途中突然生病，希望车能停一会并下车去医院，这个事先无法约定，之后有这个需求，这个义务不是主义务，而是

① 刘家安：《债法一般原理及合同》，高等教育出版社 2012 年版，第 45 页；广东省深圳市宝安区人民法院民事判决书（2010）深宝法民二初字第 3068 号。

动态的，随着主义务发生。附随义务从债的发生到债的完成随时可能发生。

义务群的诸多方面均以诚实信用原则为其基础。诚实信用原则的“造法”功能突出地体现在其作为从给付义务之基础这一点上，即某一行为义务即便未为当事人所具体约定，同时也未为法律明确规定，只要诚信原则有此要求，即认定为债务人所应负担的从给付义务。例如，买受人在就标的物的使用遭遇技术问题时，出卖人应给予必要的说明与指导。

认识到这一点相当重要。因为，在我国，“附随义务”“合同后义务”等在立法上均无直接的规范，若法院需要通过司法造法的方式承认其为合同上的责任，可依托《民法通则》第 4 条（“民事活动应当遵循……诚实信用的原则”）及合同法第 60 条（“严格履行与诚实信用”）第 2 款（“当事人应当遵循诚实信用原则，根据合同的性质、目的和交易习惯履行通知、协助、保密等义务”）所确立的诚实信用原则进行。

民事规范立法中的传承与创新

——姚新华师讲民法总论

研习法律就要善于发现问题，学习和研究民法，发现问题比解决问题更重要。在有关未来民法典基本结构的讨论中，正是债法的体系结构问题成了主要的分歧所在，我国未来民法典是否应规定债法总则?

民事规范立法中的传承与创新问题：中华法制传统是以户为主体的特征，编纂民法典时，应恢复“户”的概念。

——贾广芳题记

研习法律就要善于发现问题，以前民商法专业的论文不好过关，主要原因是不善于发现民法中的问题，比如，法人设立过程中民事责任的承担问题，是有限责任、无限责任还是连带责任?

在研习大陆法系民法的同时，阅读商务印书馆出版的《罗马史》《德国史》，读一本与民法立法同时代的历史书，可以更为全面地了解民法理论的来源、当时的社会和政治经济实况。

——姚新华

第一部分　关于民法典的编纂

在国际上，最典型的民法典是《法国民法典》和《德国民法典》，任何一国的民法典都摆脱不了这两部法典的影响。英美法系国家无成文民法典，只有大陆法系有成文法典。民法最早来源于罗马法，一部民法的发展史即是一部怎样看待人、把人放在什么地位的法律史。罗马法中每一个人并无主体资格，是以家族（家父）为主体。

1804 年《法国民法典》印上鲜明的时代特征：1804 年公布实施的《法国民法典》第一次把人作为主体，人是平等的（但对妇女仍有歧视），《法国民法典》分为三编，第一编是关于人的，分为人的资格、人的能力、家庭关系；第二编、第三编是关于财产的。当时法国人打到哪里，就把《法国民法典》带到哪里，有的国家虽然在政治上已经取得独立，但民法仍适用《法国民法典》。

民法人文历史地理：巴黎司法宫上写着“时光荏苒，法律永存”，《法国民法典》的颁布，使人民看到新世纪的曙光。法国，号称高卢鸡，所有展示的东西，如时装、电影都是一流的，但含有超过一万个零配件以上的东西，则逊色于德国人的严谨。德国的汽车制造世界一流，德国法学家另行创立高度体系化的德语世界的民法典。

罗马人自称为阿尔卑斯山山内民族，视德国、法国等为山外民族，德国人早期是为罗马人干重体力活儿的。几百年间，德国人民在不断清洗自身的烟火气和草莽气，终于到了 18、19 世纪，德国诞生的哲学家有康德、黑格尔，文学家有歌德、席勒，其法学自成德语法典体系，德国成为欧洲文化中心之一。

1900 年《德国民法典》的高度体系化特征：德国在 19 世纪初期也在制定民法典，萨维尼写了《论立法与法学的当代使命》，主张德国法必须体现德国的特点，他认为法国民法典的抽象概括性差，萨维尼坚持认为：

“要求制定法典的时代必须在洞识上超越此前的任何时代，如果制定法典的能力尚不具备，那么，通过一部法典来改善现状，必然使我们想要改善的现状变得更加恶化。在德国，整个 18 世纪不曾诞生过伟大的法学家。法学家必须具备两方面的感觉，一是历史感，即敏锐地把握每一时代和每一法律形式的特性；二是体系感，即在与事物整体的生动联系与相互作用中（在真实而自然的关系中）审察每一概念和每一规则。”[①] 这一论断，对于我国当下制定法典，也具有参考价值。

“萨维尼以自己的学说阻却德国民法典在 19 世纪早期问世，为德国法学赢得了积蓄力量、‘有机推进’的时间，在 19 世纪中后期完成‘学说汇纂’（潘德克顿体系）的建构，使德国在政治统一后具备了编纂伟大法典的能力。”[②]

① 舒国滢:《德国 1814 年法典编纂论战与历史法学派的形成》,《清华法学》，2016 年 1 期，第 109 页。

② 舒国滢:《德国 1814 年法典编纂论战与历史法学派的形成》,《清华法学》，2016 年 1 期，第 109 页。

德国花了近百年时间准备民法典，1900 年的《德国民法典》共分五编，在世界上第一次采取总则的方式，把法律关系共同的东西抽象出来，构成总则，具体的法律关系用分则，分则分四编，物、债、亲属、继承，每个分则又有总则，所以，是另一种立法模式。《德国民法典》的一个重要成果是法律行为。

比较来看，《德国民法典》用专家的语言来描述，更为精密、严谨，许多国家参照《德国民法典》修订本国的民法典。

一、作为法律逻辑源泉的民法

“作者与 Wolfgang Schon 教授在慕尼黑讨论问题。他提示说：‘请注意到，德国税法一直在民法中寻求发展的思想源泉呢，民法比税法发达更早，税法可以向民法学习。’我说这个我已经注意到，《德国税收通则》第二章的标题就是‘税收债法’，而且本章也基本上是以债的分析框架来展开。……但我困惑的问题是，税法是公法，民法是私法，税法应当从民法中学什么呢？”

Wolfgang Schon 教授很肯定地回答：“税法学民法的逻辑。”①

一个好的法律体系总是在逻辑上具有自身的内在一致性、协调性，并因此而具有严密性或严谨性。著名法学家谢怀栻先生就曾慨叹德国民法典的总则编逻辑体系严谨：

① 杨小强：《寻找法律的思想源泉》，转引自《法学家茶座》，山东人民出版社，2006 年第 12 辑，第 40 页。

“首先是整个民法有没有‘总则’，即从人法与物法两部分里能否抽象出共同的规则。在潘德克顿看来，回答是肯定的。总则编就是在这个理论的基础上形成的，从理论上谈这是成立的。因为在人法（或称身份法）和物法（或称为财产法）两部分里确实存在着共同的问题，从而应当有共同的规则。这样，在人法和物法之上，设一个总则编，规定人的能力，法律行为等，是可能也是应该的……正因为如此，德国民法典的总则编才那么引人赞叹，特别使重视逻辑体系的人为之倾心。”①

“民法里有各种行为，如合同、遗嘱、结婚，等等，‘法律行为’这一概念，把许多种行为概括在一起，从而整个民法成为一体。德国民法典的总则编正是以法律行为这一概念为核心建立起来的协调一致的体系。”②

（一）我国“民商合一”的历史传统

中国人从清末开始学习德国民法典模式，民国时期 1929 年公布的民法典也是德国模式。

2017 年 3 月 23 日，全国人大工作报告宣布，中国要实行“民商合一”的民法典立法体例，我国传统就是“民商合一”——哪一时期的传统？此项传统指民国时期 1929 年公布的民法典传统——回应了是否要立商法典的争议。因为商法中的许多规则，来自于民法。

① 王洪：《逻辑的训诫——立法与司法的准则》，北京大学出版社 2008 年版，第 68 页。
② 王洪：《逻辑的训诫——立法与司法的准则》，北京大学出版社 2008 年版，第 68 页。

（二）我国未来民法典还是应该规定债法总则[①]

“事实上，**在有关未来民法典基本结构的讨论中，正是债法的体系结构问题成了主要的分歧所在**。一种观点认为，从《民法通则》上‘民事责任’的独立成章，到后来《合同法》《侵权责任法》的单行立法，以及关于侵权责任可以不属于债法的逻辑可能，都表明民法典可以不再需要统一的‘债编’，不再需要总则与分则的立法技术，而是可以直接以‘合同编’和‘侵权行为编’与‘总则编’‘物权编’等共同构成民法典的基本结构。”[②]

“我国民法典还是应该规定债法总则，否则，民法典编纂的目的将难以成为一次真正的立法活动，可能就仅仅是一次法律汇编。应当清醒地认识到：我们是在制定一部民法典，而不是像当初制定《合同法》《侵权责任法》那样，把一些不应该规定在其中的内容规定进去，以弥补现行法的不足。”[③]

二、“民事权利”章关于债的规定不能替代债法总则[④]

“第一，这是由带有‘民法总则’的法典模式及其逻辑结构所决定的。……如果立法者的首要目的是维护法律的稳定性和裁判的可预见性，那么，他就会选择抽象概括方法。概念之间的逻辑关系和

① 参见李永军：《民法总则民事权利评述》，北大法宝网。

② 参见李永军：《民法总则民事权利评述》，北大法宝网。

③ 参见李永军：《民法总则民事权利评述》，北大法宝网。

④ 参见李永军：《民法总则民事权利评述》，北大法宝网。

上下属关系，概念之间的相对性或兼容性以及如何将整个法律材料划分为各类总体概念，简单地说就是，**体系具有特别重要的意义。这就是债法总则存在的理论基础之一。**……这种逻辑结构属于体系性和框架性问题，如果改变，将彻底动摇民法典的基础。”①

“第二，债法总则具有不可替代性。（1）合同法和侵权法中的内容不能替代债法总则。……首先需要指出的是，我们是在从事民法典的编纂工作，需要解决的第一个问题是：现行的合同法应该服从未来民法典的体系安排，还是相反？因为，《合同法》制定的时候，恰恰是我国没有民法典，而《民法通则》中又没有债的一般制度，因而，将本来就不应该属于合同法内容的东西规定进《合同法》……（2）民法总则与债法总则的功能不同，不能用民法总则替代债法总则。民法总则是物权、债权、知识产权、继承和婚姻等共同的公因式，而债法总则仅仅是债的公因式。如果将本来应该放在债法总则中规定的内容，放在民法总则中规定，就降低了民法总则的适用性。”②

第二部分　法律行为

民法设立总则、分则的标志性概念是法律行为。现行《合同法》规定，“合同是平等主体的自然人、法人、其他组织之间设立、变更、

① 参见李永军：《民法总则民事权利评述》，北大法宝网。

② 参见李永军：《民法总则民事权利评述》，北大法宝网。

终止民事权利义务关系的协议。”这样定义是同义反复，合同就是协议，协议就是合同。其实，合同应是平等主体之间设立、变更、终止民事权利义务关系的双方法律行为。相应的，遗嘱是公民生前处分个人财产的单方法律行为。

法律行为是理性主义在法律上登峰造极的体现。法律行为是近代进入资本主义文明的产物，要维护人的自由，包括两个方面：一是思想自由，二是行为自由。人的思想自由法律无法干涉，但对思想付诸行动之后，法律就要对妨害别人、破坏公共秩序的行为予以限制，这种限制可以：(1) 分门别类规定，在哲学上称为经验主义，即英美法系的判例方法；(2) 寻求一个终极标准，用此标准确定所有的行动，这在哲学上称为理性主义，即大陆法系的法典化方法。与此相适应，德国法就要找一个理性的标准，即法律行为。

一、法律行为理论是民法总论的核心

德国民法学家弗卢梅在《法律行为论》序言中指出：“在阐述民法总论时，人们通常将法律行为理论纳入到法律事实理论之中予以论述，并将其视为权利创设、变更和消灭的事实构成。因此，法律行为被理解为行为，并被与其他行为一并置于权利的视角之下予以讨论。”[①]

“这一体系安排没有体现出**法律行为所特有的基于意思自治创设**

① [德]维尔纳·弗卢梅，迟颖译：《法律行为论》，法律出版社2013年版，序言。

性地形成法律关系的本质，将法律行为理论作为独立理论予以研究的目的是为了更进一步澄清私法自治理论的特性和独立价值。法律行为理论作为民法总论的核心所具有的重要意义，在阐述总论时，应当首先论及法律行为理论。……传承下来的法律行为理论属于高度发展法律文化的结晶。”[①]

（一）法律行为属于私法自治的范畴

“法律行为概念是18、19世纪法律科学为私法领域所形成的概念，法律行为是私主体的行为。”[②]“法律行为，是指个体基于法律秩序可以按照自己的意思通过其创造性地形成法律关系的一类行为。”[③]

只有在民事领域中，才存在法律行为；在行政领域中，行政行为，不是行政机关的意思，而是来自于人民的授权，来自于法律的明文规定。刑事领域罪刑法定，也不存在法律行为。

（二）法律行为与意思表示

在法律上要实现意志自由，须通过行为表现出来，法律上称为意思表示。早期的德国法学认为，意思表示即是法律行为，如果意思表示妨碍了别人，就要加以限制。意思表示与内心意志不一致时，法律要保护人的内心意志，受胁迫的行为无效。

法律行为，以意思表示为要素，法律因意思表示，而发生法律效力的私法法律要件。“意思表示的‘本质’可以被概括为：以意

① ［德］维尔纳·弗卢梅，迟颖译：《法律行为论》，法律出版社2013年版，序言。

② ［德］维尔纳·弗卢梅，迟颖译：《法律行为论》，法律出版社2013年版，第39页。

③ ［德］维尔纳·弗卢梅，迟颖译：《法律行为论》，法律出版社2013年版，第28页。

思自治的方式通过有效制定法律规则来创造性地形成法律关系的行为。”[①]

（三）意思与意思表示

“温德沙伊德在其著名的论文《意思与意思表示》（1878 年）中正确地驳斥了当时被称为通说的观点，即意思表示的意义在于意思的告知。温德沙伊德认为：‘意思表示不仅实现了旨在确立可以为人们所感知的信号的意思，而且同时实现了旨在引起某种法律效力的意思。’恩内克策鲁斯正确地将意思表示中的表示作为‘决定性要素’与法律的公布进行比较，并且阐明：‘法律的公布不仅关涉立法者意思的表达，而且为他人确立意思，它包含立法者意思的必然要求，如果未达到这一必然要求，则法律不仅不为人所知，而且根本就不存在。’”[②]

（四）意思表示中意思的内容——意思与法律效果

意思表示以设立、变更或者消灭某一法律关系为目的。与之相应，意思表示中的意思涉及以法律关系的设立、变更或者消灭为内容的设权行为。

（五）法律行为与法律上行为

法律行为涵盖旨在通过确定规则形成、变更或者消灭法律关系为内容的行为类型。与法律行为的概念相对立的是法律上行为的

① ［德］维尔纳·弗卢梅，迟颖译：《法律行为论》，法律出版社 2013 年版，第 28 页。

② ［德］维尔纳·弗卢梅，迟颖译：《法律行为论》，法律出版社 2013 年版，第 58 页。

概念。

“法律行为之所以产生法律效果是因为当事人希望产生这一法律效果，与之相对的是那些自动产生法律效果的行为，即那些法律效果依据法律秩序的规定而不是当事人意愿产生的行为。后一情形中，首先是侵权行为。除此之外，还有一些不属于侵权行为的行为，人们称其为法律上行为并无不当。除特定程序上的行为之外，这类行为还包括：住所的设定和取消、无因管理、占有的取得和加工。《立法理由书》采用三分法：法律行为、法律上行为和侵权行为。然而，侵权行为事实上仅属于违法行为这一一般类型中的一种类型。”①

据赴德国访学的民法学老师介绍，德国民法学的课程设置，如果一学期有十节课，有八节课都在讲法律行为，把法律行为理解清楚，则民法学习任务及格。

二、《民法总则》规定法律行为效力体系

关于法律行为效力体系，这部分对于律师实务工作中在处理案件时，可能是最有用的一部分规则，《民法总则》这部分也是对《民法通则》《合同法》的规定内容有了很大的变更。《民法通则》对民事行为无效作了很多的规定，这样会扼杀民事法律关系的发展，也说明国家对法律行为、民事法律关系在司法上干预过多。

《民法总则》在规定法律行为效力时，主要说效力瑕疵的体系。

① ［德］维尔纳·弗卢梅，迟颖译：《法律行为论》，法律出版社 2013 年版，第 123 页。

《民法总则》对法律行为效力体系整合之后，分成了以下几类：

（一）绝对无效的法律行为；

（二）相对无效的法律行为，即可撤销的法律行为；

（三）效力待定的法律行为；

（四）法律行为的效力依据行为的性质和法律衡量其确定有效或无效。最后这一种法律行为的效力要看法律规定，它隐藏的真实意思是什么，然后确定这种行为，按法律衡量它到底是有效的还是无效的；

（五）《民法总则》在法律行为部分没有规定，而是在法人制度和代理制度有关条款中规定的效力形态，即**不得对抗善意相对人的法律行为**。这种又分成三种情况：

（1）第 61 条的规定，法定代表人超出权限实施的法律行为，法人不得以章程中对法定代表人权限的限制性规定对抗善意的相对人。

（2）第 65 条有关法人登记事项不得对抗善意相对人的规定。

（3）职务代理中的代理人超出权限实施的法律行为，也是不得对抗善意相对人的法律行为。

三、《民法总则》中法律行为无效原因之规范适用[①]

"问题的提出：我国《民法总则》在法律行为无效的原因中增加了'虚假意思表示'(146 条) 和'违背公序良俗'(第 153 条) 两项，

① 李永军：《〈民法总则〉中法律行为无效原因之规范适用》，北大法宝网。

并将原《民法通则》58 条及《合同法》52 条共同规定的‘恶意串通损害他人（国家、集体和个人）合法权益’（《民法总则》154 条）予以保留。从比较法上看，将虚假意思表示和违背善良风俗作为法律行为无效之原因的做法有迹可循，但同时将‘恶意串通损害他人合法权益’也作为法律行为无效原因的做法极为少见。那么，虚假意思表示、违背善良风俗与恶意串通三者间在认定关系上是否重合？也就是说，《民法总则》146 条、第 153 条及 154 条之间在具体适用中是否会发生规范竞合？”①

“德国学者拉伦茨认为，‘为使债权人无法执行其财产，债务人虚假地将自己的财产让与第三人，这种让与行为就是虚假法律行为，债权人则有权主张这一行为无效’。显然，这种虚假意思表示损害了第三人利益。”②

“在我国的房屋买卖中也存在类似情形。例如，为了逃避税收，房屋买卖双方在购房合同中将实际成交的价格隐藏起来，而将较低价格提交给登记机关，其目的就是为了逃税。这种做法也损害了第三人——国家或者地方政府的利益。那么，损害了第三人利益的虚假意思表示应当适用《民法总则》第 146 条规定的‘虚假意思表示’，还是适用第 154 条的‘恶意串通损害第三人利益的行为’呢？根据我国通行做法，此情况既可以适用第 146 条关于‘虚假意思表示’

---

① 李永军：《〈民法总则〉中法律行为无效原因之规范适用》，北大法宝网。

② 李永军：《〈民法总则〉中法律行为无效原因之规范适用》，北大法宝网。

的规定，也可以根据第 154 条关于‘恶意串通’的规定认定其无效。当事人可以按照‘规范竞合理论’任选其中任一规范作为请求权基础。”①

第三部分　自然人与法人

一、中华法制栽了大跟头

在讲民法总论涉及的“人”时，姚师指出，汉字“我”，是一个象形字，像带烟囱的房子，突出中国人的家庭观，英文“I”则是表示个体、个人。

姚师讲述“户”的概念时，谈及传统与信仰问题，认为户为中国传统特色，自清末沈家本修改刑律开始，中华法制栽了大跟头，中华法系传承不够，法学的创新是要建立在传承的基础上的。

家人：家与人是不可分离的。

举例：一家有五口人，两个儿子，一个女儿。大儿子结婚时，父母为其买房子一套，小儿子与父母住在一起，女儿出嫁；父母去世后，大儿子起诉小儿子，要求分割弟弟所住的父母名下房产。

按照中国传统继承制度，不分生前和死后，家庭财产一元化的处理思路，父母为大儿子买房，大儿子结婚后出去住，小儿子与父母一同居住，父母房产自然归小儿子。女儿出嫁，不继承不动产；但

① 李永军：《〈民法总则〉中法律行为无效原因之规范适用》，北大法宝网。

按照现行法律，父母名下的房产，为遗产，三个子女共同继承。本案的法官越是依法判决，老百姓越是认为不公正。

法理解析：

（1）按照德国的继承制度，公民财产分割为生前财产及死后财产，是二元化的处理财产思路。

（2）中国传统的继承制度，从户的角度，以户为主体来处理财产，不分生前和死后，统筹处分财产，是一元的处理财产思路，因为**户（家）是不死的，不区分生前、死后（当然，有“绝户”的特殊情况）**，所以，放在中国传统文化的背景下里，越是依法办事，该案的判决结果就越不公正。

（3）秉承自己的文化和传统，才被人民拥护和信仰。人民信仰的本土政策，隐含着被人适用的事实。

户为中国的传统文化特色，编纂民法典时，应恢复“户”的概念，户作为一种秩序，自秦代延续至今，具有文化上的独特价值和历史权利的正当性。

其次，户是中国人“家庭至上”观念的法律载体，其中包含亲情、血缘关系，家庭也是社会的细胞，是人们的生活共同体，血浓于水，共损共荣，是每个人生存于世的最强大依靠。

《史记·秦始皇本纪》记载秦国时期有户籍制度，以家为户，以人为口。人口制度，我国现行《民法通则》中有个体工商户，农村承包经营户。户为家庭之法律表彰，个人的人身关系与财产关系，也是户的效力。当前“户”仍然是财富分配基本单元，如农村承包地、宅基地、经济适用户、困难户等，无不是以家庭为单元和家庭至上的社会形态。

二、法人制度价值

研习法律要善于发现问题，以前民商法专业的论文不好过关，主要原因是不善于发现民法中的问题，比如，法人设立过程中民事责任的承担问题，是有限责任、无限责任还是连带责任?

德国民法典增加了新的类型——法人，与自然人相对。德国民法典将二者并列的合理性在逻辑上，其共同的基础是，均为法律关系的主体，但在价值判断上，二者的标准不同，法人是人获取财产的工具和手段，不是人的终极目标，将二者并列起来会导致逻辑判断、价值判断的混乱，如《民法通则》中关于法人的荣誉权、名誉权等，商誉可以评估为财产，可以转让，而人的尊严不可以转让。

（一）法人制度的实质

资本主义最早共同体理论的实践者是成立东印度公司，通过公司的成败与否，作为近代国家理论的实验室。如果判断国家的标准是土地、人民，那么判断法人的标准就是财产。在资本主义社会中，资本需要法律的保障，所以，法人制度的实质是资本披上了法律的外衣。

资本主义需要有法人制度，法人制度的价值，亦可以从法律制度角度来论证并得出结论。法人本质上是资本，是团体。罗马法中的家族是一个团体，由家父来行使职权。国家必须有国库，有财产，但这与法人是不同的。资本主义制度产生后，产生了规模经营，自然人的经营受到人的寿命、资本规模、风险承受能力等诸多限制，自然人的这些缺陷需要一项制度来克服，法人就是一种选择，但不是唯一的选择。自然人可以资本积累，法人可以资本积累，国家同样可以。

姚师讲到，法人必须接受法律正义和公平的拷问。资本的特征，有限责任，是从哪里来的？来自于航运业之船东有限责任，相对于无限责任来讲，以区别于合伙人之间共同承担无限连带责任。

（二）法人意思形成

法人意思机关，民法总则称之为权力机构，营利法人和社团法人的必设机关，而财团法人，因其意志由捐助人决定，应以捐助人之意思为法人意思。

公法人无意思机关，法院根据《法院组织法》设立，按规定的宗旨和权限行事。国有独资公司，性质上属于全民所有，不得有自己的意思机关。意思机关之担当人，社团法人的意思机关是社员大会。

意思形成的三种模式：一是按资本，资本多数决；二是按人数，人数多数决；三是人数全体一致同意。

（三）法人分类

私法人中，根据法人成立的基础来划分，分为社团法人和财团法人。以人为基础设立的法人叫作社团法人；以财产为基础设立的法人叫作财团法人。公司是典型的社团法人，必须有股东，但也要有财产。

财团法人中，基金是法人，基金会是管理机构，并不是法人（比如，诺贝尔基金会不得违反诺贝尔的意志），中国的基金会不同，“会”是法人，可用基金盖办公楼，买小汽车，在这个问题上有些错位。诺贝尔基金无数学奖，因为诺贝尔生前不允许设立，可以保障诺贝尔的意志永远不变。而我国基金会作为法人，其决策机构可以改变基金设立的初衷。中国台湾地区设立海峡两岸基金会就是回避公权力，由政府出资，以私法人名义出现，与大陆方面就有关问题进行协商。

2015 年上半年学期，姚师讲到财团法人时，举诺贝尔基金会为例，他通过检索近 30 年的诺贝尔奖颁奖实例，认为诺贝尔所颁发物理奖、化学奖，权威性强。但是诺贝尔医学奖、经济学奖，将医学和经济学引入歧途，不能让人信服。姚师确信并**预言医学未来的发展方向是中医**。但是，中医讲求“天地人合一”的哲学理念，师傅带徒弟，培养成本高，一位中医医生经验的积累成熟，也需要很长的时间。

2015 年 10 月，屠呦呦获得诺贝尔医学奖。姚师的洞识，让人不禁称奇、赞叹。对于屠呦呦获奖，姚师评论说：“作为国际性大奖的诺贝尔奖，对于一个最伟大的民族，是必须要关注到的，否则就是一个地区性的奖项。”

刑法学卷

从规范行为的法学到规范秩序的哲学

——方鹏老师访谈录

时间： 2017 年 12 月 28 日

地点： 中国政法大学

受访人： 方鹏，中国政法大学副教授，硕士生导师

访问人： 贾广芳，北京市铭达律师事务所

学习刑法需分层次，先学规范刑法，再学刑法适用方法论，最后升华为刑法哲学。

从刑法术语的理解和运用，到事实与规范对应关系，到实务案例的解题研习，到外国刑法的移植和借鉴，到刑法推理逻辑和哲学思考……立基实定规范，着眼中国问题，师法中外大家，一切睿智知识，皆为我所用。以规范解释为核心，以缜密的逻辑推理为思维，明辨法理，析案释疑，方显法学之美。

——方鹏

第一部分　关于刑法学习

贾：请您为刑法的学习者介绍一下刑法研习的经验。

方：刑法的学习可分为两个层次。第一层次，要学习**规范刑法。**知道刑法是怎样规定的，如何运用刑法来对具体案件定罪量刑。规范刑法的主要内容是刑法法条规定，包括刑法典和修正案、单行刑法，以及有权解释包括立法解释、司法解释和最高法、最高检发布的指导案例和权威判例。第二层次，在学习规范刑法的基础上，探讨刑法法条背后的原理，适用规律和方法，对刑法精神和思维进行思考，将其上升为**刑法哲学**。

第一个层次的规范刑法，是形而下的层面；第二个层次的刑法哲学，是形而上的层面。法学首先是一门社会治理学科，法律的学习应当是先学习规范，然后再探讨其哲理，而不能反其道而为之。学习刑法首先要学习刑法教义学，知道法律是如何规定、如何运作的，在此基础之上，再进行法理学、法哲学的探讨。学习民法、行政法这类实体法，也应当遵从这种顺序才对。现在国内的法学教育，往往一开始就教较为抽象的法理、精神，然后再教实体法学。这使得初学者不易于领会、掌握法律的基本功用。法律人的成长，首先是学会规范法学，能够运用刑法规范解释实务案件，成为合格的法律职业人或法律家；然后在法律实务中，提炼案件背后的逻辑、规律，归纳研究法律适用的过程，成为法学家；最后总结归纳整体法学、社会科学，对人生哲学、人类社会进行终极关怀，上升为哲学家。**由法律家变成法学家，再由法学家变成哲学家。**

规范刑法的基本精神是奉法为尊。我在教习规范刑法时，经常对同学们讲三句话：(1) 万事有依据。学习刑法首先要把自己想象成一名法官，对任何一个案件行为定罪量刑时，都要有法可依。(2) 结论靠推理。刑事司法是一个判案的过程，需要根据刑法的规定来进行推理，得出结论。推理时将案件事实与刑法规范对应起来，进行演绎推理。(3) 要求精、要求细。刑法学是专业性的学科，刑法规定非常精细，在具体适用中也会涉及非常精细的规定。由此需要对刑法进行精细的解释，对组成刑法的理论知识要有非常精细的理解。

贾：*初学刑法，会遇到很多刑法术语，您的研习经验是什么？*

方：学习刑法，需要掌握很多术语。刑法术语的作用是使讨论专业化，以节省思维。刑法术语，有些来源于刑法典明文规定，例如“不法”“共犯”，在刑法第 20 条、第 382 条有明文规定。有些来源于理论学说。

由于德日刑法的有些学术用语在传入中国时，被我国直接使用，因此遭到了一些学者，特别是提倡“本土法学”的刑法学者的反对。

因为他们不懂，觉得这是“全盘西化”。事实上，“构成要件的该当性”这个词，是日本学者在移植德国刑法时，参照汉语翻译的。“该当”就是汉语中“该当何罪”的意思。日本人翻译这个词时借鉴了中国的汉语，日本人没有反对，引入中国之后，反而被中国人反对，认为它是日语，这是比较有趣的。看不懂的，缘于汉语没有学好。构成要件该当性、违法性、有责性，这是德日刑法中最常用的术语，如果不懂，也说明刑法知识水平不够。你不用“构成要件”这个词，你用什么词？用“犯罪构成”？事实上，中国也没有“犯罪构成”这个词，它是从苏联翻译过来的词。近现代中国刑法或者说法学，统统都是从国外移植。汲取世界各国法学理论的精髓，为我所用，用于解决中国问题。这并不是一件丑事。在这种开阔的视野下进行刑法研究，中国刑法才能进步。所谓提倡民族主义刑法、建设本国本土刑法的思维，是有局限和比较落后的。事实上，这也是在为自己的懒惰和无知进行狡辩。你不懂，就要学习，你不能懒。你去核查，去学习，也就懂了。不能因为不懂就反对。要有学习的精神，这样学术才能不断地进步，法学才能进步。

当然，在翻译和移植外国刑法术语时，也要注意学术术语的规范问题，需要结合中国用语习惯进行意译。当下翻译存在很多问题，例如“孟子”一词，转了一圈被翻译回来时，被译成“孟菲斯”，蒋介石被译成“常凯申”，这说明译者不精通汉语。

中国刑法研究应当立足于解决中国问题，但视野应当是开放的、全球性的，不能固步自封。在文化交流、学术移植过程中，必然会出现术语的移入。刑法学人需要识别术语的指代性，弄清术语的精确含义，做到为我所有。

贾：您与阮齐林教授编写的《刑法分则案例研习》，选择的案件非常精准详细，这些案例选编设置的标准是什么？

方：法律的生命在于实用。学习及研究法律的人，须以解决实务案件为核心。当前的中国刑法，也在逐渐走向判例刑法，既有法律规定，又有判例补充。《刑法分则案例研习》秉持实用精神，是专门为了案例研习和演练而编写的。部分案件来源于最高法院的经典判例，包括指导性案例以及《刑事审判参考》中刊载的权威判例。每个罪名都有相应案例；每个罪名下涉及的小问题，也有相应案例，划分得很细致。设置疑难问题进行讨论，也介绍相关判决要旨。还有部分案件，来自社会热门案件，例如"三鹿奶粉"案、"阜阳毒奶粉"案，等等。"于欢案"、"内蒙古贩卖玉米判非法经营案"等，也将会在此书的修订时收录进来。这些社会上发生的重大的轰动的刑事案件，也是刑法学习者需要掌握了解的素材资料。还有部分案例，来源于基层法院、检察院办案过程中出现的疑难案件，比如，当年编写此书时，盗窃罪中的"扒窃"刚刚入刑，扒窃的标准是什么，不清楚，编者就把司法实务中出现的，基层人民法院、基层人民检察院认定的“扒窃标准”编进去了。编写《刑法分则案例研习》的目标，是为解决司法实务中出现的各种疑难案件，把法条的教学、案例的教学结合起来，最终提升解决实务中处理案件的能力。

第二部分 关于刑法适用方法论和刑法研究

贾：您开设有“刑法适用方法论”课，这是一门什么样的课程？

方：刑法的学习可分为规范刑法学和刑法哲学。令我思考的是，刑法学习能不能有个一中间层次？在规范刑法与刑法哲学之间，在形而下和形而上之间，应当有一个刑法适用方法的中间层次，对规范刑法的适用方法进行探讨，对我们的判案经验、认定犯罪的思维方法进行思考，这就是“刑法适用方法论”。由此，从2008年开始，我就为刑法专业研究生二年级的学生开设“刑法适用方法论”课程，面向实务，以事实与规范的对应关系为框架，探讨刑事案件的办案规律，对刑法适用的规则和方法进行讲解。课程内容分为十讲，对一些基本思维进行研究，例如演绎推理、类比推理、归纳、设证方法，对犯罪构成理论、刑法解释的方法进行探讨，对认定事实的方法，例如推定方法，以及一个行为触犯多个规范的情形如法条竞合、想象竞合的问题进行研究，对刑罚裁量的方法进行讲解。“刑法适用方法论”，是刑法学习中的高级进阶阶段的课程。本科阶段，主要对刑法解释学进行讲解。而要成为一名合格的法律职业人，就需要对刑法适用的规则和方法进行学习。刑法适用方法论，具有很好的实用性，我在检察院挂职时也曾为检察官专门培训刑法适用方法。主要是面向实务过程中出现的一些疑难案例，对解决的方法进行归纳及整理，对于学习法律非常有用。

我国刑法研究的早期阶段，没有明确方向；之后随着法学复兴，在陈兴良教授的引领之下，更多研究的是刑法哲学，以对刑法学研究进行启蒙；当前我们更多地注重刑法教义学即规范刑法学的研究；以后我们应当回归到刑法适用层面，以指导法律职业者办案。研习刑法适用方法论，培养办案思维方法，是更高层次的研究方向，也是当下中国法学研究的一个重要方向。

贾：课堂上您一直强调，应当将事实与规范之间的对应关系作为刑法教学及研究的重点，而不能只是研究抽象理论，您能解释一下吗？

方：在“刑法适用方法论”课堂上我是坚持这种观点的。当下法学研究与法律适用，存在着隔阂。法学研究者发表的大部分论文都是研究抽象理论；因此法律实务工作者认为这些研究“都没用”。法律的最终目的是要实用，特别是刑法。因此，刑法研究的重点应当是规范事实之间的对应问题。诸多问题的研究应当从司法实务中的一般案件以及疑难案件出发，将问题研究上升为刑法理论，刑法理论的目的也是为了解决司法实务中的一般案件以及疑难案件。

日本、德国刑法研究的发展趋向也是如此，是因为实践中出现的疑难问题，才形成了刑法理论。例如，德国“癖马案”，发展出刑法的“期待可能性”理论；日本的“一厘金”案件，出现了“可罚的违法性”理论。国内也应当从实践中的疑难案件出发，来形成一种理论。**法学研究和法学理论必须从实务中来，到实务中去，二者应紧密结合，**而不应当成为一种空对空的纸上谈兵。每每看到我国刑法研究者提出一些玄虚的理论，总觉得很感慨。德国、日本的刑法研究，好像没有多么玄虚。罗克辛写的教材、论文，基本上都是实例为标准，这也是我们**学习法律的经典思维**。

刑法研究应从实际案例出发，不能是“空对空”式的研究。例如，这几天我在指导本科、硕士论文时，也非常感慨。同学们都很聪明，选择的题目都很好。但是，我要强调一个写作方向，那就是不能像教科书一样，都是一些概念、一些条件，和实务脱节的、没有案子连接的一种空洞的研究；应当注重实务。我要解决实务中的什么疑难问题，最终有个什么标准，怎么用到司法实务中去，这样才是当前规范刑法学或者是刑法教义学研究的一个正确方向。

不应人为制造法学研究和法律适用之间的隔阂，法律实务部门讲，“搞法学研究的，书上写一回事，我们实际不是这回事”；搞法学研究说，“法律实务太简单，不愿意去研究”；这种隔阂是错误的。

法律研究就是为了更好地法律适用；而法律适用，也能运用法学研究的成果，两者形成良性互动。

无论大学老师，还是法学研究者，都有自己的使命。法学研究者应该使法律适用更加通畅，使法律适用逻辑更加周延，判决更加公正，这是我们研究的目标。我们应当发现法律适用中的疑难之处、矛盾之处，研究它并去解决它。这就是问题意识的建立，这样才会使我们的法学研究更加兴盛。

贾：法学是否是一门文科，光靠记忆背诵就行了？请您谈一下理科的学习思维对法学学习有什么影响？

方：把法学当作文科，这是一种误解。法学是一门应用学科。在立法精神上，法学要讲求人文关怀，这和文科的研究目标相似。但法学还有另外一个层面，就是法律适用。法律适用要进行推理，"reasoning"，正确的法律适用必须注重推理。法官、检察官判案，律师代理案件，都要求推理。学好法学，以推理为核心，法律必须有规则，这个案子怎样定，同案同判，符合逻辑的哲学，这就是法学之美。

在学习刑法时，要求有知识储备，从著名的法学论著中学习法学的精神。具有生命力的法学，是一种讲求推理、逻辑、哲学的法学，特别是刑法学；刑法学背后，通常把刑法学称为法学中的数学；数学背后推理的成分很大。刑法的学习，要讲求推理和逻辑。要使学术的生命之树常青，必须保持和逻辑一致，这是基本的道理。

第三部分 关于外国刑法的学习和借鉴

贾：您在本科、研究生课堂上所推荐的书目中，有德国刑法大家罗克辛的教材和论文，请您介绍下罗克辛的相关刑法学术观点。

方：罗克辛是当前德国刑法学界最著名的刑法学家之一。德国刑法流派很多，罗克辛被认为是“结果无价值”观的代表人物，雅科布斯被认为是“行为无价值”观的代表人物。我们在研究刑法时，需要汲取世界各国刑法学说的精髓，为我所用。故而，我给学生推荐了德国、日本刑法的教材和论文。当然，对法学的学习，需要选对一位水准最高的人，一开始时就阅读最高水准的著作和学说能提升自己的学术水平。在教学时，推荐给学生阅读书目时，我会要求学生阅读最尖端水平的学术著述。

阅读罗克辛的书，能体验到德国顶尖的刑法学家如何研究法学。在本科课堂上，我将罗克辛的刑法教材列入推荐书目。在刑法研究生读书会中，也要求学生阅读罗克辛的刑法教材，要求学生将他的《刑法总论》第一卷、第二卷基本阅读完。阅读他的书，可以体验到德国最尖端的刑法学家怎样研究刑法学，对德国刑法进行系统研究。

罗克辛认为“不法的本质是对法益侵害”，是“结果无价值”最典型的代表。他的目的论犯罪论体系，客观归责理论“创设风险、增加风险”的标准，也是很重要的观念和立场。法学研究，法学学者，特别要求有自己的旗帜，有自己的观点；罗克辛是很全面的研究者。

罗克辛的刑法研究，都是对具体问题进行非常深入细致的研究。读完他的教材之后有一种感觉就是：没有什么问题是他没有研究过的。现在中国的刑法研究，有很多都是重复的研究。我们好不容易想到一个问题，结果是别人早就研究过了。你再研究就意义不大了，甚至还不如人家已有的研究。现在让研究生先去读罗克辛的书，使得学生自己的研究不会重复别人已经研究过的成果。

法学研究正如科学研究一样，总强调本土主义是不行的。比如，制造飞机，学习借鉴别人已有的先进制造水平，才能造出好的飞机；这样才能更高、更快，实现弯道超车。法学研究也是如此，向最好的学者学习，研究他的东西，把他的观点理解并参透，就能将他最高水平的研究为自己所用，就可以站在巨人的肩膀上，就能看得更高，学得更远。有时候，我会对学生说，你研究那么多，还不到罗克辛那个水平，那就不行了。我们法学人总是想，如何能够提高研究水准。如果我们经常学习别人，能够汲取像罗克辛这样的顶尖学者的一部分知识为我所用，这样去教学，培养出来的学生，水平才能较高。法学的学习还是要有一个较高的起点，开始时起点设置较高，以后的研究才会更加深入。

我对罗克辛非常崇拜，把他当作偶像进行崇拜。原因是，首先他的研究很有逻辑性，不似其他学者的研究，很随意，甚至前后矛盾。其次，他的研究很精细化，细节很多。再者是，他的研究很朴实，尽管有时翻译成汉语后读不懂，但看他的书，满篇都是案例，以案说理。作为法学大家在写书时，其实是很朴实，不是很复杂的；写两句理论学说，就写一两个案例。对于观点有争议时，先讲自己观点，再写其他德国法学家的观点，阐释下别人怎样说的，接下来区分联邦法院是怎样判的，讲得很清楚，也很实用。所以，我经常对学生讲，德国人的著作里，你把罗克辛的书读完了，把日本的大塚仁、山口厚的书读完了，基本上你的刑法水准就很高了。有时看国内的某些论文，恣意性很强，怎样想就怎样解释。罗克辛的著作不是这样的，很讲求逻辑性。我们要学习德国人，最重要的就是要学习逻辑周密，不能前后矛盾，这是最主要的。此外，也要学习他们法学研究中的**实务精神**。应当将理论和实务结合起来，建立完整的体系，用实用的理论解决实务问题。

中国刑法学的发展，需要先移植国外先进理论，学习拿来主义，站在巨人肩膀上，才能建立起来自己的刑法学说。一些人提倡的本土或者苏联刑法，存在不适用于当代、有些落伍的情况。我们当前的研究必须放眼世界，正如邓小平所讲，应当大胆吸收一切人类文明优秀成果、先进做法，为我所用。在刑法学界，罗克辛的刑法研究成果是诸多璀璨明星中的一颗，是刑法学界最尖端水平的学说之一，如能吸收其丰富的养料为我所用，将会提升中国刑法学研究的水准。

第四部分　关于刑法实践

贾：您挂职时曾担任过检察官，也是兼职律师，法科学生毕业后大多要从事法律实务工作，请您给法律实务工作者和刑事辩护律师一些建议。

方：由于我本人也是兼职的刑事辩护律师，因此，我从职业定位和职业素养的角度来讲一讲这个问题。

首先依法、依照事实辩护。现在很多律师，不论案情如何，动辄进行无罪辩护，以讨好当事人。即使所发表的辩护意见与事实、法律规定不符，法官不听，也无所谓。我觉得这样不好。接受当事人委托时，应当给当事人如实地讲清楚案情，分析可能出现的法律后果；在此基础上进行辩护。有些辩护意见，即使委托人、当事人提出要求，如属无稽之谈，法官根本不会听从，也不宜采用；必须给委托人、当事人讲清后果。

其次要学透证据规定，把刑法、法条、判例弄清楚、透彻，按照法律规定进行辩护。刑辩律师应当依法辩护，以说服法官为核心，这需要有深厚的刑法学基础知识。很多案件，检察院认为有罪，事实上并不符合法条规定。辩护时如果奉法为尊，找出指控的硬伤来，对于不符合法律规定的，不能判决有罪；法官会采信的。

此外，应当根据案情选择恰当的辩护策略。任何一个案件，要么进行**事实辩**，我国当前刑事诉讼，律师能够**直接**搜集证据空间比较小，只能从侦查、起诉机关所收集的证据中挑选有利证据；要么进行**证据辩**，挑证据的“刺”，根据证据证明事实的标准、逻辑、充分性，结合生活经验、推理方法，围绕证据不足的进行辩护；当然更多的还是**法律辩**，这要求对法条、司法解释、判例有非常细致深入的了解。对案情、证据、法律规定全面熟悉，才能促进辩护。

另外，要注意辩护技巧。很多大学生经常从电影或模拟法庭中学习辩护，但是这些辩护具有夸张的戏剧色彩。实务辩护需要注重辩护效果，不能以展示辩护律师个人魅力为核心。因此，有很多辩护技巧需要学习，例如提问技巧，对于不利证据的处理，等等。辩护不能纸上谈兵，需要实践积累经验。

还有就是有关刑辩律师专业化的问题。未来中国法治建设，对律师专业性要求更高，刑法辩护是最具专业色彩的，刑事诉讼中证据搜集、证据取得，以及根据认定事实的标准；刑法中一些罪名的适用，甚至一些所谓的法定量刑情节；这样的问题都是有辩护空间的。刑辩律师，也是技能要求最严格的律师。我国当前的刑事辩护，虽不像美国那样发达，但当前建设法治目标的提出，会使刑事辩护越来越多。任何一个强国，都是法治国家，中国刑辩律师的前程是完全可以期待的。当然，刑事辩护律师的培养和成长，是一个很漫长的过程。大学要深入学习刑法学和刑事诉讼法、证据法、判例和法条，刑事辩护对知识储备最为全面。之后要实战学习刑事辩护技能、询问的技能，进行辩护策略技能训练。还要学习与人交往的技能，对此应有专门化的训练。刑事辩护，是未来对人才素质要求最高的辩护；刑事辩护律师，也应该是最精英的律师。美国出庭律师，素质要求很高，要求洞察敏锐，是精英中的优选人员，是很难培养的；稍有不慎，就会有辩护失误；中国未来的庭审出庭律师，也应该具有很高的水准才行。法学教育是培养律师和法律职业者的第一步，未来要学会各种各样的技能，有知识，有技能，以及有实务演练，这样，才能成就一名合格的法律工作者。再者，律师应该有职业操守，要注意职业伦理，切不可自损形象。

第五部分　法学是否是一门科学?

贾：您主讲的“刑法适用方法论”课程推荐书目中，有《萨维尼法学方法论与格林笔记》，萨维尼在书中写的核心论题是关于法学方法论的三条基本原则：(1) 法学是一门历史性的科学；(2) 法学也是一门哲学性的科学；(3) 法学是历史性科学与哲学性科学的统一。鲁道夫·冯·耶林有本书叫《法学是一门科学吗？》，法学是否是一门科学，您的观点是什么？

方：这一问题涉及如何界定“科学”。科学最早是从主观知识中分化出来的，主要是研究客观物理现象的学科，与人文主义的研究相对，如传统的儒家学说，“百家争鸣”学说，都是一种主观的学说。科学的提出，最早是想脱离主观，建立客观的研究，这样定义“科学”的话，法学当然不是一门科学。但现在看来，这么定义“科学”，是比较狭隘的。这一问题涉及对科学如何定义；对法学如何定性。首先需要认识法学的功用是什么？我认为萨维尼说的很有道理，法学是一门科学。

曾经有一段时间，我国存在一种“反智主义”，认为只有理工科才是科学，才是值得学习的。这种观点是极其有害的。例如在我读初中、高中时，社会风气是，理工科至上，技术治国，单靠理工科治国，经过一段时间，人文学科，特别是法学不受重视的消极后果突显出来，社会出现人文道德滑坡，贪腐之风盛行，这是我们应该吸取的教训。单单关注于客观研究，忽视人文的关怀，会出现科学的偏执发展，如电影中表现出来的“科学怪人”。法学是一门应用学科，文法理工农医，法科是单独的学科。法学不单单是文科，不是背诵书就能掌握的，法科虽不像理工科那样需要艰苦的计算才能学会，但同样要求学习规范性的法条，对案例进行技术性的训练，也是技术活，不是大家想的那么简单。人类社会需要管理，建构秩序，这样才能提高效率。例如，排队使更多人接受好的服务；插队就会使秩序混乱。我国以前的发展，属于粗放型经济社会，为追求生产发展效率，以适者生存的丛林法则为基准。反而扰乱了秩序，造成效率的低下。现在，在从粗放型经济向集约型经济发展过程中，提出更加精细化的社会管理要求，以应对人类文明更高阶段的需求。例如，日常人们上班出行，乘坐地铁，秩序管理很重要。

（一）人文科学对社会的贡献，是对人的终极价值关怀

人文科学是终极性的对人生的思考。古代传统社会中，人活一世，即使没有电脑、冰箱，也生活得怡然自得，科学技术发展，会使人更加轻松、愉悦，减少体力劳动，自由生活的时间更多。人文学科，特别是管理学、法学，是关于秩序的学科。在刑法中，犯罪就要接受惩罚，这是基本秩序，以维护人们对公平正义的感觉，人活在一种公平正义的好的社会氛围中，社会能正常运转，也能为社会成员提供心理上的安全感，心情舒畅，提升整体幸福感。法学是关于秩序的学科，是具有管理性质的，是我们经常讲的“经国纬政”之学。

因此，把科学仅仅界定为技术科学是片面的，科学分为理工科学，也有人文科学。人文科学，特别是法学，是对社会秩序的维护，也是为人类提供公平正义感。人类在不断进步成长中，科学技术起着推动力量的作用，但也需要管理秩序。例如：网络普及使人类认知达到更高程度，同时，也需要建构很多制度，随着网络发展，要制定新的法律规制网络乱象，对网络的好的方面，给予提倡；对不好的方面，进行遏制，使网络得到更好的发展。

（二）法学是关于社会秩序的哲学

法学是一门很重要的科学，是哲学的一个分支。萨维尼说，法学是关于哲学性的科学，要建立一种秩序，要通过一种哲学建立。比如，我国古代是通过儒家哲学建立，提倡：君君臣臣，父父子子，建立一种秩序。法学也是这样的，资本主义推翻封建社会，在平等的基础上，建立一种权利义务的社会秩序。法律是整个人类社会的宏观控制，是社会调控的一种方法，从这种意义上说，应该是更加具有价值的、更高层级的科学。

社会中不仅有反智主义，如学习无用论，也有反法治主义这种现象，特别是一些社会管理者，认为学习法律无用，自己不学法律照样能管理社会，造成不好的影响。法律是一门科学，是有科学原理的。特别是一些基层领导，认为“我就是法，法就是我”，这是一种应该被抛弃的专断主义、权威主义的秩序，是法律不提倡的秩序。

法律提倡人人平等，法律必须提倡公平秩序。在日常的生活秩序中，道路交通秩序，看到有人乱超车并线很生气；日常大家会有这样的感觉：在国内秩序感差的地区，生活秩序混乱，人活得不轻松，特别是有些法律意识淡薄的地方，出了事找关系，让人有深深的不公平感，在一些更讲求秩序的地区，会让人更加心情轻松。法治社会人活得更加轻松，所以我们必须有法治的理念和精神。法治，特别是依法治国，更加需要顶层设计，高层应起到率先垂范作用，真正把法治当作一门科学，在社会管理涉及的法律实务中，能够听取法律专家的建议，使得社会的管理更加符合法治精神、法治秩序。

有些人认为法律是一种规则，但并不一定是公平的规则。这也是一种反智主义的观点。法理学中最重要的一类观点，是自然法学，认为善法才是法律。每个法律条文中，都有符合自然正义的内涵。仅仅认为法学是一门纯粹规则学科是一种形而下的观点，缺失一种终极的人文关怀，是非常功利主义的；这种观点对法律也是有害的。例如刑法提倡形式理性，也提倡实质理性。形式理性就是要求遵从法律规范；实质理性关注到人类最终的公平正义观，关系到刑法的基础。如果认为法律仅是形式规定，也是有害于法治的。例如，有的交警进行事故鉴定就很夸张：天桥上有李四自杀，跳下来砸坏了张三的汽车。交警竟然裁定让张三赔偿李四的家属。为什么？他认为这样可以息事宁人。这样的鉴定规则，是很荒谬的。

法学最终是为了实现人文关怀。刑法有两个层面，一个是规范的层面，一个是哲学的层面，需要哲学的精神来调整，这是很重要的。由此，法学当然是科学，这是很明白的。法律有自己运作的规律，有自身的本质，需要遵从科学原理制定法律规范。法律的功用，也是为了建立科学合理的社会秩序，是关于社会秩序的哲学。法律为人类提供公平正义的感受，从而使人类更加开心幸福地生活。这就是科学的指向。

明辨法理，奉法为尊

——方鹏老师讲规范刑法学

法律人从法律家、法学家到法哲学家的成长路径，刑法学习及研究重点。

刑法学习方法：先学习规范刑法，后在规范刑法基础上，探讨刑法法条背后的原理，将其上升为刑法哲学；刑法研究的重点应当是规范与事实之间的对应问题。

刑法学习和研究的经典思维，应从实际案例出发。通过对王彬窃取被交警扣押的车辆致人死亡案、许霆盗窃案的理解，识别主客观相统一的定罪原则；通过陈全安被控交通肇事案，学习因果关系相当性的判定。

——贾广芳题记

学习刑法需要分层次，先学习规范刑法，再学习刑法适用方法论，最后升华为刑法哲学。从刑法术语的理解和运用，到事实与规范对应关系，到实务案例的解题研习，奉法为尊，明辨法理。

——方鹏

一、重刑主义/轻刑主义

《刑法》修正案，体现我国刑事立法指导思想，由重刑主义向刑罚适中转变。《刑法修正案（八）》规定死刑罪名由68个减至55个，以盗窃罪为例，由于只要不涉及侵害人身，法定最高刑死刑已经取消。

《刑法》第264条规定："盗窃公私财物、数额较大的，或者多次盗窃、入户盗窃、携带凶器盗窃、扒窃的，处三年以下有期徒刑、拘役或者管制，并处或者单处罚金；数额巨大或者有其他严重情节的，处三年以上十年以下有期徒刑，并处罚金；数额特别巨大或者有其他特别严重情节的，处十年以上有期徒刑或者无期徒刑，并处罚金或者没收财产。"

因盗窃罪曾被判处死刑的案例：

被告人何存德、李清玉于1989年2月12日，携带作案工具来到敦煌，又窃得2辆自行车，骑至莫高窟，顺着原挖洞口钻入"465"窟内，盗割面积为44×48厘米、22×27厘米、18×18厘米、42×46厘米的"明王及供养菩萨像""明王像"壁画5块。其中42×46厘米的1块壁画在盗割时，跌落打碎。之后，两位被告人将所盗壁画存放在洞外。[1]

经国家文物鉴定委员会鉴定，被告人何存德、李清玉所盗壁画，均为敦煌莫高窟“465”室内壁画的局部，虽全部追回，但损失严重，无法弥补，“465”窟是绘有藏传密宗绘画的具有代表性的元代石窟，属国家一级保护洞窟，被窃割的壁画为国家馆藏一级文物。[2]

甘肃省高级人民法院根据最高法依法授权高级人民法院核准部分死刑案件的规定，核准酒泉地区中级人民法院分别以盗窃罪判处何存德、李清玉死刑，剥夺政治权利终身的判决。[3]

中国传统的法家思想，治乱世用重典，但是，“**刑罚过重，会破坏社会秩序**”的判断最近在国外得到验证。美国实行重刑主义，结果罪犯五年内重新犯罪率达 70% 以上。而瑞典实行轻刑主义，几十年下来，社会和谐，监狱空虚。因为没有犯人，已经关闭几所监狱。

从规范行为的法学到规范秩序的哲学，法学是关于社会秩序的哲学：法学是一门很重要的科学，是哲学的一个分支，建立一种社会秩序，要通过一套哲学体系建立。萨维尼说，法学是关于哲学性的科学，我国古代是通过儒家哲学，提倡“君君臣臣，父父子子”，建立一整套社会秩序。法律是对整个人类社会的宏观控制，是调控社会的一种方法。

监狱在押人口比例——衡量国家治理水平：“一个国家的治理水

① 刘树德编：《刑事指导案例汇览》，法律出版社 2011 年版，第 422 页。

② 刘树德编：《刑事指导案例汇览》，法律出版社 2011 年版，第 422 页。

③ 刘树德编：《刑事指导案例汇览》，法律出版社 2011 年版，第 422 页。

平如何，可以用两个相对客观的指标来衡量：一个是国民平均寿命，一个是监狱在押人口比例。监狱人满为患，说明这个国家主要靠暴力来维护秩序。靠暴力来维护的社会，是一个扭曲的社会。靠监狱治理国家的政府，就像一位靠棍棒教育子女的家长，只知高压和蛮干，不知教化和怀柔，属于匹夫治国。我国古代形容盛世，常用一个词汇叫作‘囹圄空虚’——监狱里没人，空空荡荡。日本监狱在押人口比例，每10万人只有59人在押，而美国高达743人，位居世界榜首。美国人口有3.18亿，监狱在押人口为220万人，在押人口比例是中国的六倍。”①

二、关于规范刑法的学习

（一）刑法学习与研究的方法

1. 法律人的成长路径：法律家—法学家—法哲学家

首先是学会规范法学，能够运用刑法规范解释实务案件，成为合格的法律职业人或法律家，然后在法律实务中，提炼案件背后的逻辑和规律，研究、归纳法律适用的过程，成为法学家。最后总结归纳整体法学、社会科学，对人生哲学、人类社会进行终极关怀，上升为哲学家。由法律家变成法学家，再由法学家变成哲学家。

学习刑法可分为两个层次：第一层次，首先要学习**规范刑法**。知道刑法是怎样规定的，如何运用刑法来对具体案件定罪量刑。规范

① 参见何兵《美国“严打”的教训》，腾讯大家，2015年7月25日。

刑法的主要内容是刑法法条规定，包括刑法典和修正案、单行刑法，以及有权解释包括立法解释、司法解释和最高法、最高检发布的指导案例和权威判例。

第二层次，在学习规范刑法的基础上，探讨刑法法条背后的原理，适用规律和方法，**对刑法精神和思维进行思考**，将其上升为刑法哲学。

2. 刑法研究的重点：司法实务—理论—实务

刑法研究的重点应当是规范与事实之间的对应问题。诸多问题的研究应当从司法实务中的一般案件以及疑难案件出发，将问题研究上升为刑法理论，刑法理论的目的也是为了解决司法实务中的一般案件以及疑难案件。

日本、德国刑法研究发展趋向也是如此，是因为实践中出现的疑难问题，才形成了刑法理论。例如，德国“癖马案”，发展出刑法的“期待可能性”理论。日本的“一厘金”案件，发展出“可罚的违法性”理论。国内也应当从实践中的疑难案件出发，形成、发展一种理论。**法学研究和法学理论必须从司法实务中来，到司法实务中去，二者应紧密结合**。

3. 德国“癖马案”，发展出刑法的“期待可能性”理论

期待可能性是指法律对一个人能不能期待他实施合法行为，期待可能性是以存在他行为可能性为前提的，行为人既可以实施合法行为，又可以实施违法行为，但最终实施了违法行为，因此他是存在不法行为的。期待可能性**是法律不强人所难，是法律宽恕你实施的不法行为**。

德国的“癖马案”：

19世纪末期，就业形势艰难，要养家糊口的车夫受雇于他人，驾驶一辆有两匹马拉的马车，其中一匹马有个癖病，容易受惊吓并在受惊后用马尾缠绕缰绳，影响马车的制动，导致事故的发生。车夫知道后向雇主提出要求更换马匹，但是雇主拒绝并威胁说要么继续赶车，要么就回家。马车夫因此没有坚持更换马匹的要求。

一次，车夫驾驭马车的时候，马因受惊将路边的行人撞伤。检察机关以过失重伤罪对被告人起诉，但法院对被告人判决无罪，无罪的理由是：

被告人得知马的癖病后告知了雇主，但雇主不同意更换马，在这种情况下，法律不能期待被告人即使失业，也坚持更换马匹，因此判定被告人无罪，这就是期待可能性。

本案中，车夫是存在行为可能性的，车夫可以要求雇主更换马匹，因而丢掉工作，也可以不坚持，从而保住饭碗。两种行为的可能性都有，所以行为的违法性是存在的；**车夫被判处无罪是因为法律的一种宽恕，法律不能强迫他即使失业也要坚持更换马匹**。

（二）阶层犯罪论体系 / 传统平面犯罪构成比较

犯罪论体系不是在学习犯罪构成的条件，而是在学习认定犯罪的思维方法，比如客观和主观、不法和责任，帮助人们解决疑难问题。只有掌握了这种思维方法才能对法律进行解释，才能解决疑难复杂的案件，从而正确地区分罪与非罪、此罪和彼罪的界限，保证罪刑法定原则在司法活动中得到准确的判断。

递进式的德日三阶层犯罪论体系：

(1) 构成要件的该当性：行为符合刑法分则规定的具体罪名的罪状。

(2) 违法性：行为被法规范所禁止（具有法益侵害、规范违反或社会危害性等违法性实质内容）。

(3) 有责性（责任、罪责）：行为人应当被刑法所谴责（非难）。

构成要件是形式判断，违法性是实质判断；违法性是有无判断，责任是大小判断。

方师的课堂上的讲解采用的是“两阶层犯罪论体系”，即犯罪 = 客观不法 + 主观责任。

“两阶层犯罪论体系”与“三阶层犯罪论体系”实质是一致的，将构成要件的该当性与违法性，合称为违法性，形成“客观不法 + 主观有责”两阶层体系。

阶层关系中，后一个要件以前一个要件为前提。这是两者之间的一种位阶关系，这种位阶关系可以通过不法与责任来说明。一个行为首先要确定是否存在不法，在确定存在不法后再来确定是否有责任。

首先是构成要件该当性，把不具有该当性的行为排除在外；

其次是违法性评价，把虽然具有构成要件该当性但具有阻却事由的行为排除在外；

最后是有责性，把虽然具有构成要件该当性、违法性但不具有责任的行为排除在外，在三个要件都具备的情况下，犯罪成立。

判断逻辑顺序可能性：（一）先客观判断后主观判断；（二）先形式判断后实质判断；（三）先事实判断后价值判断。

1. 先客观不法判断后主观责任判断

应当首先判断行为客观上是否是危害行为，然后判断行为人主观上有无过错。

危害行为的本质在于创设、增加了风险；不具结果发生可能性、日常生活行为、发生结果概率极低的行为，均不属危害行为。

2. 客观不法与主观责任相统一

（1）行为与责任同时性原则：要求行为人实施不法行为当时具备相应的责任要素。

案例：甲超速驾驶过失将乙撞死，下车一看死亡的是乙，心想早知是乙撞死活该。甲行为当时，是没有故意的，应当以行为时主观情况认定罪与非罪，此罪与彼罪。

（2）主客观相统一，当客观不法与主观责任要素并不完全重合时，应当在重合的范围内认定罪名。

例如，甲客观上盗窃了枪支（盗窃枪支行为），主观上误认为是一般财物（盗窃罪故意），主客观统一于盗窃罪。

利用飞机失事这种极小概率的事件，达到使弟弟死亡的目的，这个**行为是否是杀人行为？**德国刑法学家罗克辛教授在刑法教科书中提到的教学案例：

百万富翁有两个儿子，哥哥想让弟弟死去，使自己成为唯一继承人。看到报纸上有报道，某一航班最近经常出事故，他想飞机失事的时候，让弟弟在飞机上。为此，他给弟弟买了这个航班的飞机票，因为弟弟经常出去旅游。十分巧合的是，一次航班失事，弟弟在飞机上死了。他实现了成为唯一继承人的愿望。

在此案中，哥哥是想**利用飞机失事这种极小概率的事件**，来达到使弟弟死亡的目的，这个行为本身不具有对危险的支配，因此不是一个杀人行为。所以本案没有杀人行为，既然没有杀人行为，何来杀人故意？危害行为，就是增加和创设风险的行为，小概率事件，不被认为是危害行为。

有一种观点认为，被告人主观上有杀人的故意，在杀人故意的支配下，为他弟弟买了失事航班的机票，弟弟因乘坐的飞机失事死亡，所以他买飞机票和弟弟死亡之间有因果关系，因此构成故意杀人罪。这个论证表面上看言之有理，实际上第一句话就是错误的，说被告人具有杀人故意，但是杀人故意难道不是以杀人行为为前提的吗？

所以，必须是从客观到主观的判断，而不是相反，**从主观到客观的判断很容易造成结论的偏颇**。

在本案中，明显是把“哥哥希望弟弟死”的愿望当作了杀人故意，但是“希望别人死”不是“杀人故意”，杀人故意是在实施杀人行为过程中的主观思想。通过这个案例可以看出，是不法、客观的判断在前，责任、主观的判断在后，要求有阶层的先后次序。

传统平面四要件（犯罪构成四要件）的弊端：不讲阶层次序。“传统犯罪构成四要件，即犯罪客体、犯罪客观方面，犯罪主体，犯罪主观方面四要件，不强调阶层、次序的区别。平面犯罪构成四要件，易于造成刑法的适用面临着三个主要危险（平野龙一）：

其一，一旦发生引起人心冲动的案件，人们要求科处刑罚的感情强烈，便存在法律无明文规定也科处刑罚的危险（违反罪刑法定原则）；

其二，一旦发现行为人的内心恶劣，便存在不考虑其行为是否侵犯法益而科处刑罚的危险（主观归罪）；

其三，一旦造成严重后果，便存在不过问行为人的主观心态即科处刑罚的危险（客观归罪）。”①

比如，天价葡萄案：

几个农民翻墙进入北京农科院果园，偷了一袋葡萄，通常这不算犯罪，因为整整一袋葡萄按市价计算，也就值几百元。盗窃罪的起刑也就几百元。麻烦的是，这些不是普通人种植的葡萄，是农科院的科学家培植的新品种。这一小部分的丢失，使得他们培育新品

① 方鹏：《从犯罪成立消极因素透视我国犯罪论体系的基本构造》，参见陈兴良主编《犯罪论体系研究》，清华大学出版社 2005 年版，第 270 页

种的基因链断裂，他们所有的心血前功尽弃。据说，这些新品种如果成功地推向市场，将会产生难以估价的市场利润，至少以千万元计。农民被捕了，媒体报道说农民偷食了“天价葡萄”，这便是轰动一时的天价葡萄案。

“在此案中，行为人的盗窃行为造成了巨大的经济损失，符合犯罪的行为后果因素，这是显而易见的；但是，是否符合犯罪构成的主观要件呢？裁判者在此就很容易被行为后果这一强大的因素所吸引，形式上认定行为人具有盗窃故意，即套用盗窃罪故意内容套语‘行为人具有明知是他人财物而予以占有’，而不考虑**行为人行为之时的具体故意内容是占有少量财物**，据此认定行为人构成盗窃罪。”①

“实际上，对于行为人主观方面的这种认定是形式主义的，似是而非的标准和其他犯罪成立积极因素的影响极易使其的填充向成立犯罪的方向倾向，从而导致刑法适用的危险。”②

（三）排除犯罪的消极因素

从辩护的角度，排除犯罪的消极因素更为重要。如《刑法》第20条规定，正当防卫不负刑事责任。如美国刑法学家胡塞克在《刑法哲学》中所言：“有时，重视一种理论所排斥的东西比重视该理论

① 方鹏：《从犯罪成立消极因素透视我国犯罪论体系的基本构造》，参见陈兴良主编：《犯罪论体系研究》，清华大学出版社2005年版，第250页。

② 方鹏：《从犯罪成立消极因素透视我国犯罪论体系的基本构造》，参见陈兴良主编：《犯罪论体系研究》，清华大学出版社2005年版，第250页。

所包括的东西更有意义。”①

2017年度影响案件——于欢故意伤害案：于欢案是讨债人员对于欢母子进行拘禁，并且有辱骂、侮辱、拘禁和殴打行为。在这种情况下，于欢用刀将对方一人刺死，两人重伤，另有一人轻伤，媒体报道称“于欢杀人辱母案”。

山东省聊城市中级人民法院审理聊城市人民检察院指控原审被告人于欢犯故意伤害罪并建议对于欢判处无期徒刑，一审聊城中院判处于欢无期徒刑。

聊城中院一审判决认为：被告人于欢面对众多讨债人的长时间纠缠，不能正确处理冲突，持尖刀捅刺多人，致一人死亡、二人重伤、一人轻伤，其行为构成故意伤害罪。于欢捅刺被害人不存在正当防卫意义上的不法侵害前提，其所犯故意伤害罪后果严重，应当承担与其犯罪危害后果相当的法律责任。鉴于本案系由被害人一方纠集多人，采取影响企业正常经营秩序、限制他人人身自由、侮辱谩骂他人的不当讨债方式引发，被害人具有过错，且于欢归案后能如实供述自己的罪行，可从轻处罚。……依法以故意伤害罪判处被告人于欢无期徒刑，剥夺政治权利终身。

一审法院对于欢的行为根本就没有考虑他本身具有防卫的性质，直接认定是故意伤害致人死亡而判处无期徒刑。这样的判决结果是

① 方鹏：《从犯罪成立消极因素透视我国犯罪论体系的基本构造》，参见陈兴良主编：《犯罪论体系研究》，清华大学出版社2005年版，第250页。

完全不分是非，只是简单地根据死伤后果定罪判刑，否定了在该案中的正当防卫制度适用。因此一审判决结果出来以后，引起民意哗然。

二审改判有期徒刑五年，认定成立正当防卫，但防卫过当。

山东省高院二审判决："本院还查明，本案系由吴某等人催逼高息借贷引发，苏某多次报警后，吴某等人的不法逼债行为并未收敛。案发当日被害人杜某曾当着于欢之面公然以裸露下体的方式侮辱其母亲苏某，虽然距于欢实施防卫行为已间隔约20分钟，但于欢捅刺杜某等人时难免不带有报复杜某辱母的情绪，在刑罚裁量上应当作为对于欢有利的情节重点考虑。"

"杜某的辱母行为严重违法、亵渎人伦，应当受到惩罚和谴责，但于欢在实施防卫行为时致一人死亡、二人重伤、一人轻伤，且其中一重伤者系于欢持刀从背部捅刺，防卫明显过当。于欢及其母亲苏某的人身自由和人格尊严应当受到法律保护，但于欢的防卫行为超出法律所容许的限度，依法也应当承担刑事责任。认定于欢行为属于防卫过当，构成故意伤害罪，既是严格司法的要求，也符合人民群众的公平正义观念。"① 山东省高院二审改判，承认在于欢案中存在正当防卫前提，这样的改判是完全正确的。对于欢案中防卫性质的认定，可以说分清了是非。这样的判决和一审判决相比较，从无

① 方鹏：《从犯罪成立消极因素透视我国犯罪论体系的基本构造》，参见陈兴良主编：《犯罪论体系研究》，清华大学出版社2005年版，第250页。

期徒刑到五年有期徒刑，原告合法权益得到保护。

三、以案例研习为重心——刑法学习的经典思维

以案件实例研习为重心，这是我们学习法律的经典思维。刑法学习和研究应从实际案例出发，不能是“空对空”式的研究，要解决实务中的什么疑难问题，最终有个什么标准，怎么用到司法实务中去，这样才是当前规范刑法学或者刑法教义学背景研究下的一个正确方向。

学习刑法，一定要学习最高法院发布的典型案例，这是最权威的学习教案。刑法是实务性学科，必须能在实务中解决案件。

定罪的主客观相统一原则：犯罪是符合犯罪构成的违法的和有责的行为。犯罪表明了法律上的一个行为的两个方面：**在违法性方面，是对犯罪行为的否定评价，在罪责性方面，是对行为人的否定评价**。违法是客观的，责任是主观的。将主观与客观分开，是哲学对法学最大的贡献。

司法实务中法官都是根据主客观相统一原则，来定罪量刑。当客观不法与主观责任要素并不完全重合时，应当在重合的范围内认定罪名。

主客观相统一的定罪原则，以王彬窃取被交警扣押的车辆致人死亡案[①] **为例：**

① 阮齐林，方鹏编著：《刑法分则案例研习》，中国政法大学出版社 2013 年版，第 206 页。

1997年3月28日10时许，被告人王彬驾驶自己的一辆简易机动三轮车在204国道上行驶。因王彬无照驾驶，其所驾车辆被执勤民警查扣，停放在棘洪滩交通民警中队大院内。当晚10时许，王彬潜入该院内，趁值班人员不备偷取院门钥匙欲将车盗走。值班人员吕某发现后上前制止王彬。王彬就殴打吕某，并用绳索将吕某手、脚捆绑，用毛巾、手帕、布条堵住吕某口鼻，致吕某窒息死亡。后来王彬在发动三轮车时被当场抓获。

青岛市人民检察院以王彬故意杀人罪提起公诉。

一审青岛中院判定为抢劫罪。青岛中院认为，被告人王彬盗窃自己暂被国家扣押管理的财产，遇到值班人员制止时，当场使用暴力，致人死亡，其行为构成抢劫罪，且手段残忍，后果严重，应依法惩处。公诉机关指控的犯罪事实清楚，但定性不妥，于1997年7月判决：被告人王彬犯抢劫罪，判处死刑，剥夺政治权利终身。

山东省高院二审以手段定罪，定故意伤害罪。山东高院二审审理认为，上诉人王彬盗窃所有权属于自己但被公安机关依法查扣的机动车辆时，使用暴力伤害他人致死，其行为构成故意伤害罪，应当依法惩处，于1998年9月判决：上诉人王彬犯伤害罪，判处死刑，缓期2年执行，剥夺政治权利终身。

本案涉及的法律问题[①]**：**

（1）自己所有、他人合法占有的财物能否成为抢劫对象？为何二审法院未认定王彬构成抢劫罪？

抢劫对象是他人占有的财物，自己所有、他人合法占有的财物也属他人占有的财物，可以成为抢劫对象。

本案行为人无事后索赔行为，根据案件情况，可推断其主观上无非法占有目的，故客观上有抢劫行为、抢劫对象，但主观上无非法占有目的，不构成抢劫罪**（不符合主客观相统一原则）**

（2）王彬实施的致吕某死亡的行为是故意伤害罪（致人死亡）还是故意杀人罪？

故意伤害罪（致人死亡），甚至只是过失致人死亡，因只有殴打故意，没有伤害故意。用毛巾、布条堵住吕某口鼻只是为了避免其呼喊，无伤害和杀害故意。

主客观相统一原则定案的典型案例：许霆盗窃案[②]

2006年1月，被告人许霆被广州市粤华物业有限公司聘为保安员。同年4月21日21时许，许霆持自己不具备透支功能、余额为176元的银行卡，到位于广州市天河区黄浦大道西平云路163号的广州市商业银行自动柜员机前准备提款100元。同行的郭安山（已判刑）

① 参见阮齐林，方鹏编著：《刑法分则案例研习》，中国政法大学出版社2013年版，第513页。

② 参见阮齐林，方鹏编著：《刑法分则案例研习》，中国政法大学出版社2013年版，第300页。

在附近等候。当许霆在自动柜员机上无意中输入取款1000元的指令后，柜员机即出钞1000元。许霆经查询，自己银行卡中仍有170余元，意识到银行自动柜员机发生故障，能够超出账户余额取款且不如实扣账，于是，许霆先后于21时57分，在该自动柜员机170次主动指令取款174000元，而账户实际被扣款174元。随后，许霆辞职逃匿，后来被抓获。[①]

一审判决以盗窃金融机构，处无期徒刑，后再审改判，对其最终以盗窃罪判处有期徒刑5年。

许霆案是2007年至2008年间著名的刑事案件之一，广州中院一审判决以盗窃金融机构，处无期徒刑，后再审改判，对于其最终以盗窃罪判处有期徒刑5年的结局，几乎家喻户晓。对于许霆利用柜员机取款行为的定性，**最大的争议问题是其构成侵占罪还是盗窃罪。**

广州中级人民法院在一审重审判决书、广东省高级人民法院在第二次二审裁定书认定：被告人许霆以非法占有为目的，采用秘密手段窃取银行经营资金的行为，已经构成盗窃罪。许霆当晚21时56分第一次取款1000元，是在正常取款时，因自动柜员机出现异常，无意中提取的，不应视为盗窃，其余170次取款，构成盗窃，许霆盗窃金额共计173826元。

最高法院复核认为：被告人许霆已构成盗窃罪。许霆盗窃金融机

① 参见阮齐林，方鹏编著：《刑法分则案例研习》，中国政法大学出版社2013年版，第301页。

构，数额特别巨大，依法本应判处无期徒刑以上刑罚。

（1）**临时起意盗窃，主观恶性相对较小：**考虑到许霆是在发现自动柜员机发生故障的情况下临时起意盗窃，其行为具有一定的偶然性，与有预谋、有准备盗窃金融机构的犯罪相比，主观恶性相对较小；

（2）**犯罪情节相对较轻：**许霆是趁自动柜员机发生故障之机，采用输入指令取款的方法窃取款项，与采取破坏手段盗取钱财相比，犯罪情节相对较轻，对许霆可以适用《刑法》第63条第2款的规定，在法定刑以下判处刑罚。

本案涉及的法律问题[①]**：**

（1）对于第一次取款，许霆得到款项并据为己有，其故意是侵占故意还是盗窃故意，行为如何认定？对于后继的170次取款，许霆得到款项并据为己有，其故意是侵占还是盗窃故意，行为如何认定？

①从客观层面来看，第一次取款行为与后续取款行为在性质和转移占有的效果上并无区别。但是，从主观方面考察，许霆第一次**取款行为的主观心态内容与实施后续取款行为时的主观心态内容并不相同**。在实施第一次取款行为后，并不知情柜员机故障，对于多取得的999元，许霆只是偶然占有，并没有非法转移占有的故意，因此不能认定为具有盗窃故意，不能构成盗窃罪，应属不当得利。

① 参见阮齐林，方鹏编著：《刑法分则案例研习》，中国政法大学出版社2013年版，第301页。

②但是，其在因不当得利而占有该笔款项之后，产生非法所有意图，其**非法所有的行为应当认定为侵占行为**，由于侵占未达到数额较大的标准，不构成侵占罪。

而在实施后续取款行为时，其已知情柜员机故障，其故意利用柜员机故障而将柜员机中的钱款取出归自己占有，主观上具有非法转移占有的意图，应当认定具有盗窃故意，后续取款行为可构成盗窃罪。

(2) 结合许霆案的判决理由，谈谈侵占故意与盗窃故意的不同。

许霆案的判决理由说明：犯罪故意的不同决定罪名认定的不同。侵占故意与盗窃故意的区分在于：盗窃故意产生于转移占有之前，其内容包含非法转移占有的成分；侵占故意产生于转移占有之后，其内容不包括非法转移占有，仅为非法所有。

四、刑法术语的学习——因果关系的相当性

刑法上的因果关系，指刑法规定的危害行为与危害结果之间的引起与被引起的关系，是归责的客观条件（客观归责论）。有刑法上的因果关系，才承担刑事责任。无刑法上的因果关系，不承担刑事责任。因果关系，是承担刑事责任的关键要素。

判断刑法上的因果关系，先事实判断后规范判断：

(1) 先判断是否存在事实上的因果关系（条件说）。

(2) 再判断是否具有法律上的因果关系（相当性）。

相当性的含义：最通常的、作用最大的、最为重要的条件。

最高法院通过陈全安案，确立了我国刑事因果关系认定的标准。相当因果关系，即最重要条件说。

最高法院公布的典型案例：陈全安被控交通肇事罪案①

陈全安在禁止停车的路段停放车辆，从而妨碍其他车辆正常通行，后车追尾碰撞陈全安停放车辆，后车追尾司机张伯海死亡，车上乘客受伤。事故发生后，陈全安驾车逃逸。

经交警部门认定，被告人陈全安发生交通事故后逃逸，负事故主要责任；追尾司机张伯海酒后驾驶机动车，负事故的次要责任。公诉机关以陈全安犯交通肇事罪提起公诉。

案件事实：2005 年 6 月 27 日 23 时许，被告人陈全安驾驶悬挂鄂 A/17734 号牌（假号码牌）的大货车从佛山市南海区丹灶镇往西樵镇方向行驶，至樵丹路北西科技园路口时靠边停车等人。期间，张伯海驾驶粤 Y/B3957 号小型客车（车上搭载关志明）同向行驶，追尾碰撞陈全安驾驶的大货车尾部，导致粤 Y/B3957 车损坏、关志明受伤和张伯海当场死亡。事故发生后，陈全安驾车逃逸。2005 年 7 月，陈全安被抓获。

佛山市南海区人民法院一审认定：被告人陈全安驾车发生交通事故，造成一人死亡，肇事后逃逸，违反了《中华人民共和国道路交

① 参见阮齐林，方鹏编著：《刑法分则案例研习》，中国政法大学出版社 2013 年版，第 39 ～ 40 页。

通安全法》第70条第1款规定，根据《道路交通安全法实施条例》第92条第1款的规定，负事故的主要责任，其行为已构成交通肇事罪，故以交通肇事罪判处被告人陈全安有期徒刑1年6个月。

被告人陈全安不服，以其事后逃逸行为与交通事故的发生不存在法律上的因果关系，其行为不构成交通肇事罪为由，提起上诉。

佛山中院二审判决认为：交通事故发生在前，陈全安的逃逸行为发生在后，其逃逸行为并非引发本次交通事故的原因。

如果陈全安有在禁止停车的路段停放车辆从而妨碍其他车辆正常通行的违规行为，结合本案事实，陈全安也只应负同等责任以下的事故责任。而公诉机关仅指控陈全安有逃逸的违规行为。因此，本案现有证据尚不足以认定陈全安的行为构成交通肇事罪。原判认定的事实不清，证据不足，适用法律错误。

广东省最高法院再审判决认为，陈全安**违章停车**确实是导致事故的条件，但是，**追尾负主要责任，与死亡具有刑法上的因果关系，违章停车，与死亡不具有刑法上的因果关系**。**陈全安无罪**。

释义：刑法上的因果关系，是最重要条件说。

第一步，找出导致结果的所有条件，致死人的条件有违章停车，后车追尾。

第二步，找出最重要条件，违章停车，能致死吗？后车追尾，能致死吗？

后面追尾，交警在认定交通事故责任时，追尾司机负主要责任。

谁和死亡有刑法上的因果关系？追尾司机和死亡有刑法上的因果关系，司机已经死亡，不再惩罚。违章停车仅仅是条件，而不构成刑法上的因果关系。

本案确定了刑法上相当因果关系说，是造成危害结果的最重要条件。陈全安违章停车仅仅是条件关系，而无因果关系；刑法中因果关系是最重要条件说，与民法、行政法因果关系不同。

刑事责任 / 民事责任 / 行政责任：

本案中，虽然陈全安违章停车引起交通事故，不承担刑事责任，但还是不免要承担民事、行政责任。

如果本案陈全安交通肇事事故中，陈全安承担 30% 责任，被害人承担 70% 责任，如果导致损失 100 万元，在刑事上，陈全安不负刑事责任；在民事上，陈全安负责 30% 民事赔偿责任，并且，还要承担挂假车牌的行政处罚责任。逃逸，行政上推定负完全事故责任。

《刑法》第 133 条规定：违反交通运输管理法规，因而发生重大事故，致人重伤、死亡或者使公私财产遭受重大损失的，处 3 年以下有期徒刑或者拘役；交通运输肇事后逃逸或者有其他特别恶劣情节的，处 3 年以上 7 年以下有期徒刑；因逃逸致人死亡的，处 7 年以上有期徒刑。

本案涉及的法律问题[①]**：**

（1）从事实层面判断，在追尾碰撞事故中，陈全安是否违反交

① 参见阮齐林，方鹏编著：《刑法分则案例研习》，中国政法大学出版社 2013 年版，第 474 页。

通运输法规？是否负主要责任？逃逸行为是否导致追尾碰撞事故的原因？

从事实层面判断，在追尾碰撞事故中，陈全安即使有违反交通运输法规的行为（如违规停车），也不应负主要责任。逃逸行为发生在后，当然不是导致追尾碰撞事故的原因。

(2) 从行政责任层面判断，交警部门认定陈全安负事故的主要责任的依据是什么？

交警部门认定陈全安负事故的主要责任的依据，在于其事故发生后逃逸，故依行政法的规定，认定其负主要责任。

(3) 被告陈全安是否构成交通肇事罪？理由为何？

被告人陈全安不构成交通肇事罪。理由是：其实施的在禁止停车路段违规停车行为，虽是违反交通运输管理法规的行为，但该违规行为对追尾碰撞事故的造成所起作用较小，按过失犯罪中的责任分担原则，责任程度未达到承担刑事责任的程度。

根据《最高法关于审理交通肇事刑事案件具体应用法律若干问题的解释》第2条第1款第1项的规定：交通肇事致死亡1人或者重伤3人以上，负事故全部或者主要责任的，才构成交通肇事罪。其不负主要责任以上的责任，故不构成犯罪。

（一）介入因素，是否中断因果关系

方师特别强调案例研习的重要性：2011年，中国政法大学刑法专业研究生入学考试，改编司机陆某、乘客张某司乘互欧导致交通事故案例作为考题，6000 名考生中没有几个能回答正确。方师认为学习刑法，对于最高法院公布的经典的案例，一定要认真研习。

最高法院公布的著名案例： 2001 年 3 月 30 日上午 7 时许，被告人陆某某系上海青浦区公交司机，驾驶一辆无人售票公交车，车行驶至某站时，乘客张某乘上该车。因张上车后始终站在车前门第二台阶处，影响乘客上车，司机陆某某遂叫张往车厢内走，但张不予理睬。当公交车停靠下一站起步后，陆某某见车上乘客较多，再次要求张某往里走。张某不听从劝告，反以陆某某出言不逊为由，挥拳殴打正在驾车行驶的陆某某，击中陆某某的脸部。陆某某被殴后，置行驶中的车辆于不顾，离开驾驶座位，抬腿踢向张某，二人殴打在一起。公交车因无人驾驶失去控制而偏离行驶路线，致使 1 人死亡，财物损坏。[①]

公诉机关以被告人陆某某、张某分别犯有以危险方法危害公共安全罪，提起公诉；一审法院判决：被告人陆某某犯以危险方法危害公共安全罪，判处有期徒刑 8 年，剥夺政治权利 2 年。被告张某犯交通肇事罪，判处有期徒刑 3 年。

法院定罪量刑，根据先客观不法，后主观有责，主客观相统一的原则认定：

“**第一步：乘客有违章行为**：交通管理法规规定，乘客不准干扰司机，被告张某殴打司机，是一种最严重的干扰行为。

① 阮齐林，方鹏编著：《刑法分则案例研习》，中国政法大学出版社 2013 年版，第 50 页。

司机有违章行为：不停车即离开驾驶座，致使机动车失去控制，构成危害行为。

第二步，有无危害结果：有，出现行人死亡结果，并有财物损坏结果的出现。

第三步，哪一危害行为，哪一个人，对死亡结果所负的罪责大？哪一行为与死亡结果**有因果关系？**”

课堂提问研讨：司机违章离开所驾驶车辆的驾驶座，直接导致公交车失控，致使行人的死亡；乘客殴打司机，与行人死亡有无因果关系？

第一位同学发表观点：如果乘客被告张某不打司机，就不会出现死亡结果，但是，如果司机能够控制自己的情绪，不离开驾驶座，车辆不失控，就不会出现行人死亡结果。司机的行为与死亡结果有因果关系。

结论：司机坐牢，打人的乘客不坐牢。

问：第二位同学，如果你是法官，会如何认定？乘客打司机，司机是否还手？

答：会还手。乘客殴打司机，即使司机不还手，车辆也有可能失控。

结论：打人乘客坐牢，司机不坐牢。

问：第三位同学，如果你是法官，如何判定？

答：二者都有责任，都抓去坐牢，即使司机不还手，也会导致车辆失控。

问：第四位同学，你如何判断？

答：我同意第二位同学的观点——乘客坐牢，司机不坐牢。

“法庭合议庭合议时，法官甲坚持认为：司机应该承担更大责任，被打，应该不动。另一位法官乙摸了甲法官的头，甲法官立即厉声问：你干什么？乙法官说，‘我仅仅摸了你一下，你就如此激动反应。如果我打你一下，本能的反应是要还击’。”

“**法官最终合议意见：**无法辨别责任大小，二人都负责任。每个人的作用，都占 50% 以上；各自分别定罪量刑，各自承担各自的责任。

分别判断，司机承担大于 50% 以上的责任，直接引起行人死亡的结果；乘客张某打司机的脸，踢司机的后背，即使司机不还手，也存在导致公交车失控的可能，因此乘客也要承担大于 50% 以上的责任，二人各自单独判断，两人都负有 50% 以上的责任。

二人都实施客观不法，但二人的罪名不一样：

司机陆某某在驾驶行驶中的车辆，不停车便离开驾驶座，能够意识到，出现死亡事件概率极大；对危害结果持放任态度，主观上构成间接故意，以危险方法危害公共安全罪。

乘客张某一边打司机一边挑衅‘有种你过来呀’，对死亡结果是过失的，构成交通肇事罪。这一案例是经常被引用的最高法公布的典型案例，两个人的危害行为都有作用，无法判断大小时，如何认定因果关系，具有指导意义。”

本案涉及的法律问题：[①]

(1) 交通事故的造成与乘客张某的行为有无刑法上的因果关系？司机陆某某的过激反应能否中断此因果关系？司机陆某某与交通事故结果之间有无刑法上的因果关系？

介入因素发生概率极高，则不中断因果关系。**本案的因果关系链是：**

乘客张某殴打司机，司机陆某某离开驾驶座位与张某对打，汽车失控发生事故。按条件说，乘客张某的殴打行为系事故的条件，在考虑介入因素是否中断因果时，主要考察乘客张某殴打司机，导致司机陆某某的**对打行为的概率，由于一般人会出于本能反抗，故概率极高，不中断因果关系**。另外，因陆某某作为司机而言，也有高度克制义务，故其有较大责任。从责任分担（客观归责）上说，因乘客张某与司机陆某某对于事故的责任系同等责任，或者责任程度无法区别，故都应对结果承担刑事责任，都与结果具有刑法上的因果关系。

(2) 乘客张某对于事故所持主观心态如何？司机陆某某对于事故所持主观心态如何？

乘客张某对于事故所持主观心态为过失，其未曾想到司机陆某某会过激反应，但应当预见。司机陆某某对于事故所持主观心态为

---

① 参见阮齐林，方鹏编著：《刑法分则案例研习》，中国政法大学出版社 2013 年版，第 495 页。

故意，作为司机，完全可以预见离开驾驶座位与张某对打，汽车会失控，极有可能造成事故。

(3) 按主客观相统一原则，乘客张某、司机陆某某应认定为何罪？

张某犯交通肇事罪，陆某某犯以危险方法危害公共安全罪。

（二）特殊体质案中的因果关系认定

行为人危害行为与被害人特殊体质结合导致死亡结果，刑法中一般认定具有因果关系。我曾去某检察院讲课，地方检察官对疑难案件提问：张三、李四在会车时发生纠纷争吵，李四嘴快，很会说骂，张三不擅长言语，遂上前找准李四头部掌掴，李四当场倒地，口吐白沫，死亡。经鉴定，李四长有脑瘤，被掌掴时，李四因脑瘤破裂而死。应该以什么罪名怎样起诉？

问：如果没有病，人就不会死；如果不掌掴头部，脑瘤不破裂，人就不会死？

答：不能这样解释，因果关系是客观的，掌掴时，从上帝的眼光（公众的眼光）看来，被打的被害人李四，客观事实就是有病者，打的就是有病的人，怎能说如果没有病呢？“病”是不变的因素，“有病”并不是死亡的条件，几个条件中，打与死亡关系为100%，是致人死亡行为。

问：好像有道理，但也不能因此判故意杀人罪吧？

答：根本没有提到“故意杀人罪”这几个字呀。

结合犯罪论体系来分析，危害行为与危害结果之间有无客观因果关系？客观上，实施了致人死亡的危害行为，主观方面，如果知道对方有脑瘤，一打就死，仍打，对死亡是主观故意，打时不知道对方有脑瘤，主观上则没有故意。

根据公众观点，打脑袋，有无可能致人死伤，有可能。他不知道，打脑袋就会致人死亡，公众知道，那主观上是因疏忽过失而致人死亡，定过失致人死亡罪。

本案是张三打李四的脑袋，李四因脑瘤破裂而死亡，如果张三仅仅是摸李四的脑袋，李四就死了，我们分析，脑子有瘤，一摸就死。张三实施了致人死亡的不法行为。张三摸时不知道，公众也不知道，摸下脑袋，人就会死。既无故意，又无过失，那就是意外事件。

被害人的特殊体质与因果关系的认定：

(1) 应当肯定行为人的行为与死亡结果之间，在客观上存在因果关系。

(2) 至于行为人是否认识到或者是否应当预见被害人存在疾病或者具有特殊体质，只是行为人主观上有无故意、过失的问题，而不影响客观因果关系的判断。

(3) 行为人是否构成犯罪，构成何种犯罪，应当将客观与主观结合。

最高法院发布典型的特殊体质案例：洪志宁故意伤害案[①]

2004年7月18日，被害人陈碰狮在与洪志宁女友刘海霞争执扭打中，被告人洪志宁对被害人头部、胸部分别连击数拳，陈碰狮被打后追撵洪志宁，追出二三步后倒地死亡。经鉴定，陈碰狮系在原有冠心病的基础上因吵架时情绪激动、胸部被打、剧烈运动及饮酒等多种因素影响诱发冠心病发作，冠状动脉痉挛致心跳骤停而猝死。

厦门市中级人民法院一审判决认定洪志宁故意伤害罪致人死亡，在法定刑幅度内稍高于法定最低刑判处有期徒刑10年零6个月。

二审福建省高院经审理认为：洪志宁关于原判对其定罪量刑错误的上诉理由，经查，首先，被告人拳击行为发生在被害人与其女友刘海霞争执扭打中，洪志宁对被害人头部、胸部分别连击数拳，其**主观上能够认识到其行为可能会伤害被害人的身体健康，客观上连击数拳，是被害人死亡的因素之一**，因此，对被告人应当按照其所实施的行为性质以故意伤害定罪。虽然死亡后果超出其本人主观意愿，但这恰好符合故意伤害致人死亡的构成要件。其次，被告人拳击行为与被害人死亡结果之间具有刑法上的因果关系。

被告人对被害人胸部拳击数下的行为一般情况下不会产生被害人死亡的结果，但其拳击的危害行为，与被害人情绪激动、剧烈运动及饮酒等**多种因素介入**"诱发冠心病发作"导致了死亡结果的发生。

---

① 参见阮齐林，方鹏编著：《刑法分则案例研习》，中国政法大学出版社2013年版，第62页。

被告人事先对被害人患病并不知情：

被害人身患冠心病，被告人事先并不知情，是一偶然因素，其先前拳击行为与被害人死亡结果之间属偶然因果关系，这是被告人应负刑事责任的必要条件。因此，被告人的行为与被害人死亡的结果具有刑法上的因果关系，洪志宁应当对被害人死亡负刑事责任。

鉴于本案的特殊情况，原判对洪志宁的量刑过重，与其罪责明显不相适应，可在法定刑以下予以减轻处罚。据此，撤销厦门市中级人民法院刑事判决中对被告人洪志宁的量刑部分，以洪志宁犯故意伤害罪，在法定刑以下判处有期徒刑 5 年，并依法报送最高法核准。

最高法经复核后认为，被告人洪志宁殴打他人并致人死亡的行为，已构成故意伤害罪。……但被害人患有严重心脏疾病，洪志宁的伤害行为只是导致被害人心脏病发作的诱因之一。根据本案的特殊情况，对被告人洪志宁可以在法定刑以下判处刑罚。一、二审判决认定的事实清楚，证据确实、充分，定罪准确。审判程序合法。二审判决量刑适当。

本案涉及的法律问题：

(1) 洪志宁的行为是伤害行为、杀人行为还是殴打行为?

主要是根据打击手段、部位、前因后果，结合生活常理来判断。洪志宁挥拳连击被害人的胸部和头部，一般情况下可能将其打伤，但不太可能致死，故不是故意杀人；而相形于殴打，打击力度就显重，故认定为伤害，而不是殴打。

（2）伤害行为与死亡结果之间有无刑法上的因果关系？洪志宁对于死亡结果的心态如何？是否成立故意伤害罪致人死亡？

行为人危害行为与被害人特殊体质结合导致死亡结果，刑法中一般认定具有因果关系。一般认为，如对于伤害结果有故意，则对于死亡结果有过失，实施故意伤害行为，造成死亡结果，伤害行为与死亡结果之间具有因果关系，可成立故意伤害罪致人死亡。[①]

① 参见阮齐林，方鹏编著：《刑法分则案例研习》，中国政法大学出版社 2013 年版，第 497 页。

历史社会学卷

君子之道，有必不为，无必为

——孟庆延老师访谈录

时间：2017 年 12 月 27 日

地点：中国政法大学

受访人：孟庆延，中国政法大学社会学院副教授，硕士生导师

采访人：贾广芳，铭达律师事务所律师

王夫之在《宋论》中有一句话："君子之道，有必不为，无必为。"我认为在我们今天的教育中，这种理念相对匮乏。所谓人格的养成，所谓家国天下，订立这样的远大目标，都没问题，但是，所有的路都是一步一步走出来的，而且更为重要的是，在这个特别强调效率和成功的快节奏社会里，每个人都需要考虑王夫之提出的这个问题：到底有什么事情是我一定不能去做的，其实这个东西，就是我们说的底线。我想，在这个意义上培养学生的性情、价值观，才是以人

文教育为主的通识教育的重要意涵。

——孟庆延

一、《中国历代政治得失》《国史大纲》导读课的设置初衷

贾：近四年来，您为本科生开设《中国历代政治得失》《国史大纲》导读课，请您谈一下课程设置的初衷是什么？

孟：这门课其实是叫“中国历代政治制度”，主要是对著名历史学家钱穆的《中国历代政治得失》和《国史大纲》等进行导读，想要探索在本科阶段的学习中，史学在社会学中的作用。

这门课结合钱穆的国史教育思想及其《中国历代政治得失》和《国史大纲》这两本经典的文本，来培养学生基础的通识素养。实际上，《中国历代政治得失》虽是一本小书，但是钱穆作为民国时期的著名历史学家，终其一生都在致力于国史教育。在他的国史教育思想中，研究如何在西方现代化思潮冲击之下，培养现代中国人的基本国民人格，始终有着非常重要的位置。而在本科生课程中开设这样一门对经典文本的导读，除了学习知识之外，还有对培养学生通识素养的考虑。

（一）钱穆的国史教育理念，有助于帮助学生打破各种抽象观念，同时又能在对历史的具体分析中培养国民的品格

一方面，钱穆的代表作《国史大纲》于 1939 年 6 月完成，1940 年 6 月由商务印书馆出版。当时正值抗日战争年代，钱穆以书写国史这一方式，身体力行地践行着其教育理念与爱国情怀；另一方面，在钱穆的《中国历代政治得失》《国史大纲》等通史类著作中所呈现出的他对中国历史的诸多观点，乃是建立在对历史的具体而精到的分析之上的。

在《国史大纲》的扉页上，钱穆就明确提出“温情与敬意”是一国国民对待本国历史的基本态度：“所谓对其本国以往历史略有所知者，尤必附随一种对其本国以往历史之温情与敬意。”[①]

（二）国史教育课对塑造人的基本价值观与历史观具有现实意义

针对当下社会的状况，面对现代化潮流，如何通过教育的方式重新塑造青年学生的道德人格，塑造学生的个体性情，在这个意义上，钱穆的这两本著作有着非常重要的作用。表面上看，学生上完课，可能会感觉这两本著作与中学历史课本有诸多不一致的地方，但这只是在知识层面上的。实际上，通过这一点，是要培养学生以多样化的视角，去观察和解释历史。我们要让学生认识到历史与文明的复杂性，同时，更要启发学生去理解像钱穆这样的大师的思维方式。我个人认为，对于本科生而言，在知识的层面上“知道”大师的观

① 钱穆：《国史大纲》（修订本），商务印书馆 1994 年版。

点并不是最重要的事情，真正重要的是，要去仔细琢磨这些学术大师思考问题、提出问题以及分析问题的方式。

同时，作为青年教师，我在与本科生接触过程中，会产生关于目前的教育模式的焦虑，我们今天普遍的教育观念是告诉学生要努力奋斗、要获得个体的成功，这并没有问题。但是我们也要知道，在现实社会条件下，所谓的成功者只是少数人。那么，在奋斗却不成功的情况下，如何去做一个普通人？如何面对生活与命运中那些可能的失败与挫折？我们今天的教育往往忽视这些，现在的很多学生，往往学不会做一个普通人。他们要么是彻底的失败者，要么变成精致的精英利己主义者。《中国历代政治得失》导读课的设置，还出于这样一层考虑，即好的历史教育在塑造大学生基本价值观、历史观，培养大学生理性思维能力以及人文素养方面，有着重要的现实意义。这些已经不是专业、学科划分的问题了，这也是通识教育的重要的内在意涵。

这样的著作，给予学生的不仅仅是知识上的启发，也有思想上的启发。接受思想性的启发，对理解个体思想和生活，理解其所处的时代，是有益处的。无论是历史学还是社会学，都是一门具体的经验性的学问，而非抽象性的观念的学问。钱穆曾说考察历史要以历史意见，而非时代意见，也就是说我们要**具备理解历史上各种事件发生的具体情境**。**而培养这种具体理解历史的能力，实际上也是在塑造学生具体理解自己的生命世界、理解生活中的他者的处境的**

能力。

（三）钱穆《中国历代政治得失》的社会学意涵

在我看来，钱穆的《中国历代政治得失》以及《国史大纲》，是有着社会学意涵的通史类著作。一般人会认为，钱穆无非是在讲政治制度的得失。但是我们仔细考察一下就会发现，钱穆在讨论政治制度演进与得失的过程中，最看重的，乃是**士人群体**。钱穆曾经提出“四民社会”的说法，即他将传统社会中的“读书人”群体作为理解中国传统社会历史演变的重要因素，因为传统读书人，既通过科举制度、政治制度的安排来影响现实政治的运转，同时还承载着传统儒家的“道统”，即安放人心和道德教化。

因此，钱穆讲历代政治制度，有着浓重的社会学色彩。即政治制度的变化的具体承载者——士人群体，在不同时代、不同处境中的变化。我想，这也恰恰是钱穆的这两本著作成为经典的重要因素——他固然关心政治变化，但他同时更关心不同时代的“社会”的情况。

二、陈寅恪的历史研究对社会学研究的启示

贾：讲到唐代政治制度得失，您引用陈寅恪研究隋唐史时提出的观点“关中本位政策”“李氏一族血统论证”，旨在思考传统文化如何应对外来的强势文明，至今仍有很强的指导意义。陈寅恪是您最为赞赏的史学大家之一，他对您的学术研究有怎样的影响？他与韦

伯的学术研究有无相通之处?

孟：在我目前的研究过程中，陈寅恪的历史研究给了我很多启发。实际上，今天研究社会学的学生和学者，一般很少关注陈寅恪。如果我们仔细阅读陈寅恪的著作就会发现，他的基本问题意识实际上是社会学的。

陈寅恪的著作中对“制度源流”的考察、对某一历史人物及其背后的“社会阶级”意义上的分析理路及基于地域社会史而对人物“精神气质”的理解与呈现，对我来说都具有很强的启发意义。

（一）韦伯与陈寅恪的研究方式的关联性之一：对文明起源的关切

实际上，陈寅恪与韦伯，两者无论是在问题意识上，还是在分析概念的使用上，都有着很多内在关联。例如，他们都特别关切的问题，实际上是某种独特类型的文明的起源与流变的问题。**陈寅恪对隋唐制度的讨论，内在的关切在于，当时的华夏文明是如何同时应对军事上尚武的游牧少数民族的威胁，在文明与宗教上如何应对佛教对儒家的冲击，并在这样的内外交困的局面下开启了新的时代的。这是陈寅恪的隋唐制度研究的核心问题**。而韦伯的内在关切则在于“为什么现代资本主义在西方产生”这一核心议题，他给出了一个理想类型的意义上的偏于宗教与文明维度的纪事。

因此，他们都关心文明的起源与流变，以及一个文明（包括广义的文明）是怎样产生的。韦伯对资本主义的分析，陈寅恪文章的背后也是一个“韦伯式”的问题，他关切的是中华文明这一独特的文明体是怎样起源与构造成的？这是陈寅恪的全部研究的重心，也是他与韦伯的相似之处。

今天，人文社会科学专业高度分工，这种专业分工带来了一些弊端，即研究者们往往只注重自己的、局部的研究，或者过分强调一个狭窄领域内的纯粹的研究方法，缺少总体的学术视野与学术史的眼光。实际上，一代人一代人在推进学术研究，最重要的并不是研究方法是否科学，而是你的问题意识是什么，你的研究主要依托的研究问题的传统方式是什么。

研究对象并不等于研究问题：不是说你研究农民工，就单单研究农民工，农民工不是问题，而是应关注到农民工背后存在的问题。无法区分研究对象与研究问题，这是学生常犯的错误。你要讲你的关怀是什么，要透过农民工说明什么问题。实际上，在学术研究中，最重要的并不是方法，或者说不仅仅是方法。最重要的是，我做一个研究，其研究问题的传统方式是什么。要有大的研究问题的传统方式的意识，在这个大的前提下去找问题，找到切入点进行研究。因此，韦伯和陈寅恪，尽管他们的研究对象不同，研究方法也不同，但是他们的内在却有着相通的问题意识与研究问题的传统方式。

（二）韦伯与陈寅恪研究方式的关联性之二：对人的关切

韦伯和陈寅恪的第二点相通之处在于，两者对于社会历史中具体的活生生的人都给予了足够的关注。

今天的很多社会科学研究著作中，见不到活生生的人，而是更多地强调制度是怎样规定的，制度是怎样运作的，一步一步，制度在实施中为什么出现了偏差。我们很少去注意这个制度中的人，无论是制度的设计者还是制度实施者或者是在制度之下行动的人，这些人的思想状态、情感状态是怎样的，我们很少注意到这些。

还有些研究只关注制度是怎样演变的，制度是怎么走“歪”的，即制度的意外后果。但是，我们往往忽视的问题是，制度毕竟是由人设计出来的，那么，是怎样制定出来的？出台这套制度的人，他们天天想的是什么，他们为什么这样干。我们不讨论这些的问题，而更多地关注制度在执行过程中出现怎样的偏差。**我们不讨论一个核心问题：出台这套制度的人，为什么开始是这样制定制度的，以及遇到问题时，为什么要这样调整？**

换句话说，我们今天将太多精力放在了可以观测到的制度与运行上，但是却没有讨论制度设计背后的人的更深层次的心态与思想问题，而这也恰恰是陈寅恪与韦伯都注重讨论的问题。韦伯讨论资本主义精神、资本主义制度时，将资本主义的产生同基督新教改革之间建立了某种亲和性关系。韦伯在书中提出了一些非常重要的问题：为什么资本主义体系在以清教徒为主的国家得以生根、发芽。为什么清教徒能够承载这样的制度？他们有着怎样的精神气质？他们的思想到底是怎样的？

陈寅恪研究的重点是中古史，重点在于对隋唐政治制度的研究，在《隋唐制度渊源略论稿》中，陈寅恪思考的是，推动这些制度渊源变化的到底是些什么人。他分析“关中本位政策”下面的关中集团、山东豪杰集团，分析这些不同的“社会阶级”有怎样的思想文化状况，使得他们要去做这样的制度变化。

陈寅恪还有一篇小文章，叫《天师道与滨海地域之关系》，讲天师道这样一种民间宗教，与滨海地域之间的关系到底是怎样的。实际上，我们日常生活的俗语说：“一方水土养一方人。”但是一方水土究竟怎样养一方人？一个地方的风俗、民情是如何在历史演进过程中具体地形成的？这些都是理解社会的关键议题。无论是韦伯还是陈寅恪，都试图呈现特定历史中的具体的人的总体状态。

（三）韦伯与陈寅恪研究方式的关联性之三：对制度担纲者的关切

社会学专业的学生更多地关注到制度的执行者，我认为，从事**社会学研究，还不应忘记制度的担纲者**。既然制度是由具体的人设计出来的，我们应讨论这些制度制定者（制度担纲者）到底是怎样一群人，有着怎样的精神气质与思想倾向。

陈寅恪讨论隋唐政治制度，实际上是用社会集团的概念来讨论关键的制度担纲者。同样，韦伯在讨论不同文明类型的时候，也是主要考察了不同的关键担纲者，比如，清教徒之于资本主义、官僚士大夫之于中国儒家文明，等等。

实际上，在讨论中国历代政治得失时，钱穆也关注到重点的制度担纲者。从总体上看，钱穆将士人群体，也就是后来的知识分子群体作为理解不同历史时期中国社会演变的关键。**所以钱穆在对历代政治得失的分析中，在政治、教育、军事与经济四部分中，对前两部分着墨最重，因为政治制度与教育制度，与士人群体这一关键的制度担纲者有着更为直接的关联**。此外，钱穆还尤其注意，在制度演化过程中，哪些人起到了关键的作用，而这些人背后所承载的又是怎样的思想。例如钱穆分析王安石变法，就着重对在王安石变法中的重要的担纲者——不同的士大夫群体展开分析。

（四）韦伯与陈寅恪的研究方式的关联性之四：被遗忘的历史社会学传统

今天谈到历史社会学，我们一般会理解为这是美国社会学家巴林顿·摩尔和西达·斯考切波开创的比较历史分析传统。但是其实在这一领域，有更为丰富的学术传统和学术资源。可以说，韦伯和陈寅恪的研究，蕴含有被我们遗忘的历史社会学传统。除了上面提到的问题意识等方面，实际上这个被遗忘的历史社会学传统，是一种先慢后快、扎实推进的学术积累方式。

比较历史分析的研究传统，其根源来自于韦伯的研究传统；韦伯确实是作宏观比较历史分析，比如，他对比分析了不同文明类型，但是韦伯的比较研究则是建立在对诸文明深入与系统的研究之上的。韦伯对古犹太教、古印度教以及儒教与道教都有深入的分析。但是经过帕森斯改造之后的韦伯研究传统，就演变成了现在的比较历史分析研究。因此，如果遗忘了韦伯对每类文明的深入研究，只是草草地进行比较，比如，动辄比较美国和中国，中国和俄国几百年的变化，得出的结论往往流于表面，缺少真正深入研究的根基。我们在接续韦伯的研究传统时，不能只看到他的“表”，而没有看到他的“里”。

在学科分化之下，我们对制度、文明的历史研究，经常陷入“形式”上的比较，却遗忘了比较历史分析的传统实质上源于韦伯，源于对个案的深入讨论。我们还是要回到最朴素的学术研究传统中去，耐心地做更为艰深的，甚至琐碎的基础工作，而不是急于作出某种抽象结论。

在这个意义上，西学和中学的精髓是一致的，是相通的，**是需要从踏实的，最根本的东西去做，是先慢后快的学识积累过程**。举一个不是特别恰当的例子，我们在生活中认识、了解一个人，甚至爱上一个人，是建立在对一个人深刻的理解基础上的，应是在漫长的相处中，发现人与人之间的基本价值观念是否一致。

了解一种文化制度现象，如同我们生活中了解一个人一样，需要漫长的时间和文化历史传统。这是韦伯、陈寅恪等人从事的研究的意义。有时候，我们太着急了，只有短、平、快的研究模式。比较历史分析固然有其力量和穿透力，但我们不能忘记，这并非全部的历史研究。

随着考古的发现，新的文献的发现，尽管有些研究者也指出，陈寅恪的著作中有些史实和资料是错误的。但我想，即使那些史料和证据是错误的，也不是那么重要。因为时代总是在不停地发展变化，现在社会科学研究的最大的问题不是材料不够，也不是研究方法不先进，**而是很少有人意识到要像陈寅恪那样提出问题**。**这是要害所在**。技术的发展一定会推进我们的认知，但是，我们忽视了像陈寅恪那样思考问题的方式。陈寅恪具体论证的结论的对错，我们都可以讨论，但遗忘如此重要的研究问题的传统方式，这才是真正的问题所在。

三、人文学科：无用方为大用

贾：您开列了十多部书，用来辅助讲解钱穆的著作，请您谈一下，阅读文史学科方面的书，有哪方面的用处？

孟：无用方为大用。

我个人的理解是，科学有其局限，人文学科恰恰是要安放科学所无法处理的部分。表面看，这些知识是“无用”的，但实质是起着至关重要的“大用”。比如，我们经常讲“理论”的用处，社会科学真正的经典理论，恰恰是没有“显在”的用处的。古典理论的用处，不是体现在我写篇文章，引用了哪些大学者做装点门面之用。经典理论，它提供给我们的是理解当下诸多社会现象的“底色”与“眼镜”。因为它决定了你可以在材料中看到什么，也极大地影响到你究竟可以“讲”出怎样的故事。比如，一个更倾向于认同涂尔干的理论并熟读涂尔干相关著作的研究者，和另一个本性上更“亲近”马克思并熟读马克思相关理论的研究者，如果同时到同一个村庄去作研究，那么前者很可能对村庄中的“社会团结”问题更为敏感，而后者则更容易体察到村庄中的“阶级分化”或者反抗。这是我理解的“理论”的用处所在。

实际上，不仅是阅读相关的理论，包括阅读各种人文经典著作，对于个体的人格培养也是有着重要的“看不见”的作用的。我个人认为，读硕士也好，读博士也好，未必人人都会选择学术研究作为自己的职业。所谓学习过程与读书的过程，除了专业技能的训练之外，还有一个特别重要的意义，就是要慢慢培养起自我的健全的人格。求学的过程，也是一个不断丰富自我的过程，能否把自己的生活和生命安放好，能否让自己成长为一个健全的、有着真正的经验感受能力，有着自己真正的独立见解，有理解他人等能力的现代人，这才是教师和学生的共同的目标。

人文学科中的很多经典著作，实质上终究是用于安放人的生命的。因此，我在社会学专业开设这门《中国历代政治得失》《国史大纲》的导读课，实际上是希望通过与学生一起阅读史学经典著作，慢慢培养学生更为丰富的视野和更为宽厚的人格。

今天我们越来越强调短、平、快，强调立竿见影，强调一定要做成什么事情。我想学生，包括我们自己，都缺少“慢”的教育理念，缺少“不做什么”的教育理念。王夫之在《宋论》中有一句话:“君子之道,有必不为,无必为。”我觉得这是我们在今天的教育中相对匮乏的东西。所谓人格的养成,所谓家国天下,订立一个远大目标都没问题,但是,所有的路都是一步一步走成的,而且,更为重要的是,在这个特别强调效率和成功的快节奏社会里,每个人都要考虑王夫之提出的这个问题:到底有什么事情是我一定不能去做的,其实这个东西,就是我们说的底线。我想,在这个意义上培养学生的性情、价值观,才是以人文教育为主的通识教育的重要意涵。

贾: 我知道孟老师您有个独特的爱好,就是说相声,我想问一下,相声对您在社会学研究中有什么助益?

孟: 说相声只是我的个人爱好而已。我是天津人,听评书、听相声、听京剧,从小听到大,听多了自然就会了。如果非要说有什么用处,我想相声、戏剧,等等,其实都能够帮助一个人更好地安放自己的生命。我真正开始上台说相声和演话剧是在读研究生的阶段。在排练话剧,饰演剧中的角色过程中,会让你活生生地理解那个时代。让你想象和理解那些文学作品中人物的内心世界,戏剧和相声的魅力就在于此。它会培养你朴素地理解他者的能力,在表演过程中,你要理解文本中的人物,你还要考虑舞台下的观众感受。因此,如果非要说它们有什么用的话,那么它们其实都在培养我们朴素地理解他者，同时也在培养我们去朴素地理解我们自身的能力。

另外，相声文本虽然是戏谑，但是如果我们把相声文本放在更长的历史时空中考察就会发现，随着时代与社会的变迁，相声本身从表演风格、作品的内涵以及作品中人物形象的塑造，都在随着时代的变化而不断变化。如果说相声对社会学研究有何助益，我想从相声这一有趣的视角，可以窥见社会与时代的变迁。

另外呢，对我个人来说，说相声也是安放我自己生命的一种方式。我们说相声时，都是在自己的朋友中间，大家在做一种休闲的、有趣的活动，而不是追求商业化，其实也无意于商业化。简单地说吧，这是在一个旨趣的共同体中，安放自己生命的一种方式。

社会学中的历史维度

——孟庆延老师导读《中国历代政治得失》《国史大纲》

士与中国传统社会，是对钱穆《中国历代政治得失》中具有社会学意涵的总结。他认为传统文化中的士，是中国历史中一条有力的动脉。它来源于孔子曰“士志于道”和孟子曰“士尚志”，钱穆在讨论制度演进与得失的过程中，最看重的，乃是士人群体。即政治制度变化的具体承载者——士人群体在不同时代、不同处境中的变化。因此，钱穆讲历代政治制度，是有着浓重的社会学色彩的。

遗忘如此重要的研究问题的传统方式，这才是真正的问题所在。陈寅恪对隋唐政治制度讨论，内在关切在于，当时华夏文明是如何同时应对军事上尚武的游牧少数民族威胁，在文明与宗教上如何应对佛教对儒家的冲击，并在这样内外交困的局面下开启新的时代。这是陈寅恪在隋唐政治制度研究中关注的核心问题。

——孟庆延

法学是关于从规范行为到治理社会的哲学，法律的功用，是为了建立科学合理的社会秩序，法社会学是法学一个重要的分支。注重对社会学的研习，亦是“法学大脑发育”的必需质素。

“教育的第一任务，便是要这一国家这一民族里面的每一分子，都能来认识他们自己的传统。正像教一个人都要能认识他自己。连自己都不认识，其他都不必说了。”①

社会学专业，近年日益注重教学和研究中的历史维度，钱穆作为著名历史学家，终其一生都在致力于国史教育，他的国史教育思想，始终有着非常重要的位置，即研究如何在西方现代化思潮冲击之下，培养现代中国人的基本国民人格。

孟庆延师开设对《中国历代政治得失》和《国史大纲》这两本经典著作的导读课，欲以此来探讨钱穆的国史教育理念在当下的适用意义。而史学的学习对法科生及法律职业共同体，同样具有现实意义。

中国法律更多地继受于欧陆法律体系，西方权利文化体系，“若专就外形看，显属一种多角性的尖锐放射。而每一角度之放射指向，**都见其世俗欲极强烈，权力追求之意志极执着，个性上之自我肯定极坚决**。只有耶稣教教人超越现世，转向上帝，再回头把博爱牺牲精神冲淡实际人生中种种冲突，而作成了那一个多角形的文化体系

① 钱穆:《国史新论》，生活·读书·新知三联书店2001年版，第184页。

中之相互融合，与最高调协之核心”[①]。

对于这一评价，作为法律人的我们应有更为深切的认同。我国律师实务界更多强调保护权利的意识而缺失宗教文化制约，行为处事往往易于有失偏执，只论成败，无视成败背后对社会层面可能产生的负面效应，瞩目于工商业的经营，全身心投入，忘记了更为重要的使命。

从小处而言，更为现实的是意义，作为社会法律服务工作者，处身传统“修、齐、治、平”重视家国理念，**社会意识淡薄的现实，促使律师在社会层面的成就感缺失**。

中国有“修身、齐家、治国、平天下”的传统，“修、齐、治、平”总体是以《礼记》产生的时代模式规训儒家中央帝国时代的读书人，“它具有一种道德命令的意义，但也展示出了理念和现实两方面的缺失——在‘修身齐家’和‘治国平天下’之间，缺了重要一块内容，这就是‘社会’。‘修齐治平’中缺了社会，并不代表当时没有社会，而代表《礼记》作者和理念继承者、推广者的心中少有社会，代表对社会的不重视。”[②]

“无论是文官系统中胥吏阶层的失意和失序，还是社会中坚无法参与国家制度安排的无奈，都表明了修身齐家与治国平天下之间社

① 钱穆：《国史新论》，生活·读书·新知三联书店2001年版，第143页。

② 董彦斌：《“摸龙”之道：例以韦伯与中国法之相遇》，《中国法律评论》，2017年第5期，第149页。

会缺失时的结构问题。”①

“近代以来，同样修读法学的人，却选择或担任法官，或担任律师，这本身是社会力量强化的表现，也代表了社会与国家之间新的流动模式。可以说，自从《礼记》提出‘修齐治平’，既发挥作用，又显示内容上缺失以来，早期律师的兴起乃是对‘修齐治平’较好的补正。”②

第一部分　对钱穆的著作的导读

在第一节导读课中，孟庆延师将钱穆《国史大纲》的扉页上的内容打印出来，分发给在座诸生，钱穆在该书扉页上写道：

“凡读本书请先具下列诸信念：

一、当信任何一国之国民，尤其是自称知识在水平以上之国民，对其本国已往历史，应该略有所知。

二、所谓对其本国已往历史略有所知者，尤必附随一种对其本国已往历史之温情与敬意。”

钱穆的弟子、史学家严耕望对《国史大纲》的评论道：

“其时《国史大纲》刚出版。……尤极难可贵者，往往能以数语，

① 董彦斌：《“摸龙”之道：例以韦伯与中国法之相遇》，《中国法律评论》，2017年第5期，第149页。

② 董彦斌：《“摸龙”之道：例以韦伯与中国法之相遇》，《中国法律评论》，2017年第5期，第149页。

笼括一代大局。如论春秋战国大势云：‘文化先进诸国逐次结合，而为文化后进诸国逐次征服；同时文化后进诸国，虽逐次征服先进诸国，而亦逐次为先进诸国所同化。’此数语切中事机，精悍绝伦。吾人可伸而论之，前世如商之灭夏，周之灭商，后世如北魏南牧，辽金侵宋，清之灭明，其结果影响皆可作如此观。在此进展中，华夏文化疆域逐次扩大，终形成疆土一统、文化一统之广土众民大国局面。其他胜义纷陈，不能尽列。”[①]

钱穆在《中国历代政治得失》的绪论中，讲传统政治制度，他认为首先应是从制度与人事的角度讲解：本来政治应该分两方面来讲，一是讲人事，一是讲制度，人事比较变动，制度由人创立，亦由人改订，亦属人事。要讲一代的制度，必先精熟一代的人事。

第一层次，人事，是由谁，在何时制定的，为何要制定这样的制度。如汉代的“独尊儒术”，为什么要制定这样的政策，谁帮其制定的？什么样的人进入了政府机构，人事与制度两方面结合，这就是传统史学中，非常重要的职官志。

第二层次，制度的实施，要有“共尊共信”心理和制度建设。

孙中山先生主张革命之后要有一个“心理建设”，这是很正确的。譬如考试制度，当然是我们中国历史上一个极悠久的传统制度。而且此制度之背后，有一种最大的精神在支撑。在清代两百多年间，规定哪一天乡试，哪一天会试，从来也没有变更过。这是因为全国

① 严耕望：《治史三书·钱穆宾四先生与我》，辽宁教育出版社 1998 年版，第 229 ~ 230 页。

人对此制度有一个“共尊共信”心理，所以几百年来从未动摇。这不是制度本身的力量，也不是政治上其他力量压迫所成就的，而是社会上有一种“共尊共信”的心理力量在支持。我们当知，一切政治和一切制度都如此。

“在我看来，钱穆《中国历代政治得失》以及《国史大纲》，是有着社会学意涵的通史类著作。一般会认为，钱穆无非是在讲制度得失。但是我们仔细考察一下就会发现，钱穆在讨论制度演进与得失的过程中，最看重的，乃是士人群体。钱穆曾经提出过“四民社会”的说法：“中国自古代封建贵族社会移转而成四民社会，远溯自孔子儒家，迄于清末。两千四百年，士之一阶层，进于上，则干济政治。退于下，则主持教育，鼓舞风气。在上为士大夫，在下为士君子，于人伦修养中产出学术，再由学术领导政治。广土众民，永保其绵延广大统一之景运，而亦永不走上帝国主义资本主义之道路，始终有一种传统的文化精神为之主宰。”[①]即他将传统社会中的“读书人”群体作为理解中国传统社会历史演变的重要因素，因为传统读书人，既通过科举制度、政治制度的安排来影响现实政治的运转，同时还承载着传统儒家的‘道统’，即安放人心和道德教化[②]。

因此，钱穆讲历代政治制度，有着浓重的社会学色彩。即政治制度变化的具体承载者——士人群体在不同时代、不同处境中的变

① 钱穆：《国史新论》，生活·读书·新知三联书店2001年版，第43页。

② 钱穆：《国史新论》，生活·读书·新知三联书店2001年版，第43页。

化。我想，这也恰恰是钱穆的这两本著作成为经典的重要因素——他固然关心政治变化，但他同时更关心不同时代的“社会”的情况。

“中国社会之所谓士，确然有其在社会上特殊地位，在文化传统上有特殊意义与特殊价值，则其事实始于孔子。孔子曰：‘士志于道’，孟子曰：‘士尚志’，即尚其所志之道”[①] 修身齐家治国平天下，传统文化中的士，是中国历史一条有力的动脉。士的一阶级，乃由贵族阶级堕落，或由平民阶级晋升而成一个中层阶级。

第二部分　中国社会的演变

“中国社会的自身渊源，是唐代以来的科举社会，它的病痛在平铺散漫，无组织，无力量。而所由得以维系不辍团结不散者，则只赖它自有的那一套独特而长久的文化传统，与由此所形成的强固民族意识。”[②]

“要研究中国历史社会状况，不应该忽略了政治制度，因政府控制着社会的。社会常随着政府之法制而转型，北朝因有均田与府兵两项新制度，遂造成了此下隋、唐两代之复兴盛运。而此两项制度，则全由当时门第中知识分子，从研究古代经史而建立”[③]

① 钱穆：《国史新论》，生活·读书·新知三联书店 2001 年版，第 147 页。
② 钱穆：《国史新论》，生活·读书·新知三联书店 2001 年版，第 33 页。
③ 钱穆：《国史新论》，生活·读书·新知三联书店 2001 年版，第 21~22 页。

中国社会发展，转向培植真正的中国知识分子问题：“社会有它本身内在必然的发展。中国社会发展，必将在其内在自身获得一种自发的生机。即是从它传统历史文化所形成的国民性中，获得一种精神上的支撑与鼓励，领导与推进。而决不能从外面如法炮制，依样画葫芦地模仿抄袭。这就要求先有知识分子的理想与方案出现。又转向培植真正的中国知识分子问题上来。”①

西方工商业社会 / 传统中国人本社会：“自然科学，物质文明，从西方资本社会之养育中突飞猛进，人人尽以改进物质人生为目标，为期向。而不知人生趋向，社会结构，则并不尽在物质上。物质日进，反而使人生日退步，社会日解体。”②

“中国四千年来之社会，实一贯相承为一人道人心人本之社会，修明此道以为社会之领导中心者，自孔子以下，其职任全在士。孔子曰：‘士志于道，而耻恶衣恶食者，未足与议。’西方社会则建本于工商业，如希腊。其国家则建本于军人武力，如罗马。故西方传统重视富强，恶衣恶食乃其所耻。”③

“今日资本主义社会，一切物质财产资本，不啻尽求纳入社会，实即亦是一种公化。四十五十层以上之摩天大厦，林立市区，此皆所谓富润屋。而蛰居屋中之每一人，更无德以润身。……因此有关财富，则必彼此相竞。无关财富，则各自恣肆，无所底止。美其名

---

① 钱穆：《国史新论》，生活·读书·新知三联书店 2001 年版，第 34 ～ 36 页。

② 钱穆：《国史新论》，生活·读书·新知三联书店 2001 年版，第 49 页。

③ 钱穆：《国史新论》，生活·读书·新知三联书店 2001 年版，第 53 页。

曰‘自由’，而法律亦无奈之何。”①

（一）从西汉士人政府形成到东汉门第社会

钱穆明确指出，《中国历代政治得失》论述的重要方面，就是“政府组织”，就是政府组织职权的分配，即就汉、唐、宋、明、清五个朝代来看中国历史上政府职权之演变，可以借此认识中国传统政治之大趋势，及其内在之根本意向。

统一的“政府组织”起点是在“秦汉”，在秦以前，只有封建，而无统一政府。

1. 士人政府的形成（“西汉文治政府之演进”）

以士人为楷模，一个时代人们的最高理想以及社会典范，自西汉形成文官制度，文治传统，直到清朝末期，文治传统崩坏。什么样的人进入、组成政府，决定了政府的性质，由于太学生的资历考试，以及地方察举制度，沟通了国家与社会的关系，使得文人大量进入政府，形成“读书考试－士人政府”型。区别于“封建政府－世袭方式”，“权力－军人政府”型，以及“通过财富－资本主义政府”类型。

先秦天下观思想：先秦诸子，当时一般的学术思想，都抱有一种天下观，所以说：“身修而后家齐，家齐而后国治，国治而后天下平。”“修身、治平”这个理想，到秦始皇时代，居然实现了，真成天下一家了。他们的最高理想，就是奠定一个世界大同，天下太平的、

① 钱穆：《国史新论》，生活·读书·新知三联书店2001年版，第50页。

全人类和平幸福的社会。①

秦朝统一天下，造成了一个国家，秦时的中国，相当于近代人所谓的现代国家了。秦以后，两汉、隋、唐，中国文化的最大成就，便是在政治和社会的组织方面。②

秦汉制度之重要：“秦汉时期，中国版图在此时代确立，中国民族传成‘车同轨、书同文、行同伦’的社会。秦朝统整各地制度文化风俗：观秦各地刻石文辞可知，‘秦刻石辞传者凡七：曰峄山、泰山、琅琊、之罘、之罘东观、碣石门、会稽’。**琅琊石刻尚孝、重农，为此后汉治之本。**”③

汉初名士贾谊：“汉初真得称士者有贾谊，年二十余，上《治安策》，名震朝廷。汉自文、景以下诸大政，多出贾生原议；继贾生而起者有董仲舒。汉武帝尊五经，黜百家，皆由仲舒对策发之。此不仅汉之为汉，即此下两千年中国之为中国，仲舒当时之对策有大影响大作用。而仲舒亦终未大用于当朝。”④

董仲舒的州郡举茂才、孝廉对策：《汉书〈董仲舒传〉》曰：“夫长吏多出于郎中、中郎。吏二千石子弟选郎吏，又以富訾。未必贤也。……臣愚以为使诸列侯、郡守、二千石各择吏民之贤者，岁贡各二人，以给宿卫。且以观大臣之能，所贡贤者有赏，所贡不贤者

① 钱穆《国史新论》，生活·读书·新知三联书店2001年版，第283页。
② 钱穆《国史新论》，生活·读书·新知三联书店2001年版，第283页。
③ 钱穆：《国史大纲》，商务印书馆1996年版，第124页。
④ 严耕望：《中国政治制度史纲》，上海古籍出版社2013年版，第94页。

有罚。夫如是，诸侯吏二千石皆尽心与求贤，天下之士可得而官使也。”数年以后，元光元年（武帝即位第七年）始诏郡国贡孝廉各一人。班固曰：“州郡举茂才孝廉，皆自仲舒发之。”

2. 察举制，使得平民入仕，政府社会基础巩固，向心朝化，奠定二千年统一政府

“武帝收揽政权，对于汉廷而言，可谓一大失策，然武帝对于政制，亦有其重大优异之创建，最主要者为建立平民入仕之途径。”①

“汉初，入仕之重要途径有二：一为荫任，二为赀选，这样长久下去，便会僵化为贵族政治。武帝创建郡察孝廉，州举茂才，及博士弟子射策甲科等制度，开平民知识分子入仕之坦途，因此促成社会之灵动性。后来隋唐进士科举亦是沿此方向发展，使中国社会不能产生固定的贵族阶级，此与印度、日本、欧洲社会有很大不同。且孝廉、茂才皆地方推荐而来，全国百余郡国，无论其在中原或边疆，无论居民为华夏民族，或边裔少数民族，亦无论其经济文化发展之高低，一律一视同仁，皆以户口多少为比例。推荐人才到中央为郎官，在首都观摩数年，然后分派在中央或地方（不到本籍）任职，这样增加了地方四裔对中央的向心力。秦汉时代中国第一次走上统一之途，能维持四百年之久，此一制度尽了相当的功能。中国经此长久的统一局面，已凝成为不可分之一体，自后政治上纵然时或有离心的叛乱出现，但最后终能归统一，得此制度影响甚大。换言之，

① 严耕望：《中国政治制度史纲》，上海古籍出版社2013年版，第94页。

中国二千年来世界性国家之局面，为旷世所未有，此一具有阔大胸襟不分夷夏一视同仁之制度，实有其历史性的影响作用。”[①]

北京大学历史系阎步克教授提到：“记得我写察举制的毕业论文，打算考察皇权兴衰与察举盛衰的关系。当时田先生表示赞成，说‘就是要抓住皇权这个核心问题。’家族、集团的具体考察，由此升华为一个结构性、体制性的问题。即就政治学而言，政治集团的结构也是政体要素之一。”[②] 可见，察举制的影响，依然在当代学者的关注和研究视野之内。

汉儒名家辈出，汉代学术，可谓达到一个顶峰。至今对于初学者而言，不读汉代时期的著作，就不得传统文化的门径而入，史书《史记》《汉书》，为史学研究必读书目；东汉许慎《说文解字》，是小学、文字学的入门之书；不读《淮南王书》，则不懂得议论之道。

3. 东汉门第社会，书生成为贵族

“他们的社会地位使他们蔑视政治权力，淡置一旁。那时是名胜于爵，政府的爵禄，敌不过社会名望。君臣关系远逊于朋友。他们的人生，成为一件艺术品，却经不起风浪，耐不起战斗。政治急速腐败黑暗，社会上还有清名高节，相形之下，激成大冲突。党锢之狱，名士斲丧殆尽，而东汉也随踵灭亡。”[③]

---

① 严耕望：《中国政治制度史纲》，上海古籍出版社 2013 年版，第 92 页。

② 阎步克：《田余庆先生的治史成就及对我的启迪》，《许昌学院学报》，2018 年第 5 期，第 2 页。

③ 钱穆：《国史新论·中国文化传统之演进》，生活·读书·新知三联书店 2001 年版，第 119 页。

4. 三国时代，书生变成豪杰

“东汉末年，门第世家已露头角。因世代书生而变成了世代官宦，经过大扰乱的磨练，书生都转成了豪杰。于是三国时代又成一种特殊风格。……曹操、诸葛亮、鲁肃、周瑜，都从书生在大乱中跃登政治舞台，他们虽身踞国君、丞相、元帅、外交大使之高职，依然儒雅风流，不脱书生面目。……整个三国人物，都不脱书生气。”①

（二）从东汉直至唐代中叶，700 多年的门第社会

门第社会远始于后汉，直迄中晚唐而始衰，绵亘 700 年以上。

1. 东汉门第社会初步形成——察举征辟制度之舞弊

门第何以形成？门第的初步形成在东汉，由于累世经学导致累世公卿，因为察举征辟制度之舞弊，“地方察举权任太守，无客观的标准，因此易于营私。一面是权门请托，一面是故意报恩。两者互为因果，使天下仕途，渐渐走入一个特殊阶级的手里去”②。

2. 士族形成，在东汉之晚季

“**下至三国，中央政府崩溃**，郎吏社会亦转成为门第社会。如袁绍一家，其先四世三公，即为一大门第。……故魏、晋转移，而政府亦渐由门第操纵。此下东晋、南北朝，政府更迭，而门第旺盛，不随政治而摇动。”③

---

① 钱穆：《国史新论・中国文化传统之演进》，生活・读书・新知三联书店 2001 年版，第 119 页。

② 钱穆：《国史大纲》，商务印书馆 1996 年版，第 185 页。

③ 钱穆：《国史新论》，生活・读书・新知三联书店 2001 年版，第 40 页。

3. 田余庆《东晋的门阀政治》——士族门阀与皇权共治

秦汉时期，政治舞台上的主角，主要是功臣、外戚、宦官、儒生、文吏等。而至魏晋南北朝，中国政治史出现了一个重大变迁，一个被称为“士族门阀”的阶层崛起了。

“王与马，共天下”的谣谚，其产生的背景就是士族与皇权的分享政权。

“《东晋的门阀政治》一书由‘王与马，共天下’一语破题，由此引发一系列的具体考察，这让人不禁联想到陈寅恪的类似风格：由《梁书》‘江陵素畏襄阳’一语，引发出‘上层士族’与‘次等士族’的精彩讨论。”①

最近一些研究魏晋史的学者在若干场合谈到，日本学术界对六朝史的研究的核心思想是贵族制理论，而中国学术界在实证研究与理论总结两个层面作出的唯一回应，迄今为止，只有《东晋的门阀政治》，从这个意义上说，《东晋的门阀政治》是中国学界在重大理论问题上与日本学术传统的一次对话。

“从字面上看，《东晋的门阀政治》并没有提到贵族制问题，也没有摆出理论的探讨的姿态，因此史学界对此书与日本学术传统对话的性质似乎理解不足。”2013 年，田先生在接受访谈中表示：“我觉得迄今所知国外学者关于贵族政治的论说（见本文内藤湖南《概

---

① 阎步克：《田余庆先生的治史成就及对我的启迪》，《许昌学院学报》，2018 年第 5 期，第 2 页。

况的唐宋时代观》‘贵族政治从六朝开始到唐朝的中期是最为兴盛的时代。’）……用中国古史套用西欧历史框架，因而难于使历史上通下串，左右关联。……千百年相沿的专制皇权思想和制度可能更换表现形式，却会在不同的外壳下继续存在，或者继续被利用。把皇权这个因素过度淡化，看重几家门阀、几个人物在舞台上的活动，而抹杀其假皇权以行事的实际，这样就出现了中西无别的所谓贵族政治。……中国古史中始终是皇权至上，皇权专制制度是运转历史的枢纽。尽管朝代变了，制度的外观有异，甚至后来皇帝居位制度也被推倒了，但皇权统治思想和某些机制实际上是保存社会躯体的骨髓里面，可以说形成历史的遗传基因。”①

4. 上层士族与次等士族：“江陵素畏襄阳”

“南阳及新野之上层士族，其政治社会地位稍逊于洛阳胜流如王导等者，则不能或不必移居江左新邦首都建业，而迁至当日长江上游都会江陵南郡近旁一带，此不仅以江陵一地距胡族势力较远，自较安全；且因其为当日长江上游之政治中心，要为占有政治上地位之人群所乐居者也。”②

“西晋末年中州扰乱，北人莫不欲南来，以求保全。当时具有逃避能力者自然逐渐向南移动，又居住南阳及新野地域之**次等士族**同时南从至襄阳一带。其后复值胡亡氐乱，雍、秦流民又南徙而至此

① 钟鑫整理：《田余庆谈门阀政治与皇权》，《东方早报》，2013 年 1 月 6 日。

② 陈寅恪：《金明馆丛稿初编 · 述东晋王导之功业》，生活 · 读书 · 新知三联书店出版社 2011 年版，第 72 页。

区域，此两种人之性质适与长江下游居住京口晋陵一带之北人相似，俱是有战斗力之武人集团，宜其为居住江陵近旁一带之文化士族所畏惧也。”①

（三）自唐代至清代末年（1905年）科举废除，1300多年的科举社会

科举考试，使得门第势力逐步衰退，引发社会形态革命。唐代进士考试渐渐替代了门第势力：“最要的是隋、唐公开考试制度，即所谓科举制度之确立。任何一公民，皆可自动请求参加考试，以获得进入政府的一种最有保障的资格。这一制度推行了，以前门第那一种变相的贵族，便逐步衰退而终于消失了。这又是中国历史上关于社会形态一番极大的革命过程，但仍非由下层民众掀起流血狂潮经斗争而获得，仍是由上层政府在制度之改革上和平达到。”②

陈寅恪的《隋唐制度渊源略论》《唐代政治制度述论稿》是研究中国中古史的代表作品，对社会学研究具有启发意义。

1. 陈寅恪研究的核心问题——对文明起源的关切

实际上，陈寅恪对隋唐政治制度的讨论，内在的关切在于，当时华夏文明是如何同时应对军事上尚武的游牧少数民族威胁，在文明与宗教上应对佛教对儒家的冲击的，并在这样内外交困的局面下开启了新时代的。这是陈寅恪隋唐政治制度研究的核心问题。

---

① 陈寅恪:《金明馆丛稿初编·述东晋王导之功业》，生活·读书·新知三联书店出版社2011年版，第72页。

② 钱穆:《国史新论》，生活·读书·新知三联书店2001年版，第23页。

陈寅恪的著作中对“制度源流”的考察、对某一历史人物及其背后的“社会阶级”意义上的分析理路及基于地域社会史而对人物“精神气质”的理解与呈现，对社会学研究具有很强的启发意义。

2. **身份群体的升降变迁**

陈寅恪研究的重点是中古史，重点在于对隋唐政治制度的研究，在《隋唐制度渊源略论稿》中，陈寅恪思考的是，推动这些制度渊源变化的到底是些什么人，他分析“关中本位政策”下面的关中集团、山东豪杰集团，分析这些不同的“社会阶级”有怎样的思想文化状况，使得他们要去做这样的制度变化。

“社会集团”是陈寅恪史学研究中最为重要的概念。此处“社会集团”是从特权的意义上讲的，社会阶级，社会集团，正如韦伯书中所讲的身份群体：融合了种族、文化、日常生活的惯习，包括了血缘、地缘关系。其中有关陇集团、山东豪杰集团，武李韦杨婚姻集团，这些集团是怎样来的？对政治有什么影响？它们是什么样的群体，承载什么样的历史文化精神？

关陇集团的形成：鲜卑北魏孝文帝实行汉化，迁都洛阳，边镇鲜卑军事集团反对汉化，发动“六镇起兵”，宇文泰从六镇起兵中崛起，宇文氏后代建立周朝取代魏，史成北周，定都长安。为巩固统治，宇文泰实行关陇本位政策：军事上，宇文泰以鲜卑部落旧制为依归，建立有贵族性质的府兵制，改易西迁关陇地区的山东人的郡望为关内郡望。“建立府兵，改易府兵将领的郡望与姓氏，并命府兵军士改从其将领之姓，是宇文泰关中物质本位政策的重要表现之一，也是关陇集团得以形成的重要条件之一。”[①] 公元581年，隋文帝杨坚受北周静帝禅位，建立隋朝。

科举考试——关系人群演变——引起社会革命：盖进士科虽创于隋代，然当日人民致身通显之途径并不必由此。关中本位政策下，关中团体为政治中心人物；科举制度，使得非关中团体人士，得以进入政治朝列。因此，“及武后柄政，大崇文章之选，破格用人，于是进士之科为全国干进者竞趋之鹄的。当时山东、江左人民之中，有虽工于为文，但以不预关中团体之故，致遭屏抑者，亦因此政治变革之际会，得以上升朝列，而西魏、北周、杨隋及唐初将相旧家之政权尊位遂不得不为此新兴阶级所攘夺替代。故武周之代李唐，不仅为政治之变迁，实亦社会之革命。若依此义言，则武周之代李唐较李唐之代杨隋其关系人群之演变，尤为重大也。”[②]

社会革命的结果——造成中国社会只有阶层，而无阶级：“唐代后期朝廷大臣绝大多数进士出身，当时牛、李党争虽有以门阀、科举而分之论，但科举势力大，纵门阀之家亦多由科举出身。中国历史上并无三代以上为将相者，故造成中国社会只有阶层，而无阶级。”[③]

---

① 万绳楠整理：《陈寅恪魏晋南北朝史讲演录》，黄山书社2012年版，第308～309页。

② 陈寅恪：《唐代政治史述论稿》，商务印书馆2011年版，第202页。

③ 严耕望：《中国政治制度史纲》，上海古籍出版社2013年版，第92页。

3. 统治阶级转移升降——科举士大夫阶层上升朝列，关陇集团崩溃

“综括以上所述者论之，则知有唐一代三百年间其统治阶级之变迁升降，即是宇文泰‘关中本位政策’所鸠合之集团兴衰及其分化。……抑更可注意者，关陇集团本融合胡汉文武为一体，故文武不殊途，而将相可兼任；今既别产生一以科举文词进用之士大夫阶级，则宰相不能不由翰林学士中选出，边镇大帅之职舍蕃将莫能胜任，而将相文武番汉进用之途，遂分歧不可复合。”①

“举凡进士科举之崇重，府兵之废除，以及宦官之专擅朝政，蕃将即胡化武人之割据方隅，其事俱成于玄宗之世。斯实宇文泰所创建之关陇集团完全崩溃，及唐代统治阶级转移升降即在此时之征象。”②

（四）自宋以下，造成了一个平铺的、散漫的社会

中国人很早就奖励读书人，读了书都想做官去，所以使中国政治表现出一种臃肿的毛病。官吏不能世袭，政权普遍公开，考试合条件的谁都可以入仕途。这种平铺的社会，就不见得有力量。中国近代社会却找不出这些力量来。人都是平铺的，散漫的。③

“西方社会就不同，起先根本不让你做官，实际只有封建贵族，也没有所谓官。于是社会上聪明才智之人都去经营工商业。待他们

① 陈寅恪：《唐代政治史述论稿》，商务印书馆 2011 年版，第 234 页。

② 陈寅恪：《唐代政治史述论稿》，商务印书馆 2011 年版，第 235 页。

③ 参见钱穆：《中国历代政治得失》，九州出版社 2012 年版，第 169 页。

自己有了力量，才结合着争政权，这就形成了今天的西方社会。”①

“中国历史上的传统政治，已造成了社会各阶层一天天地趋向于平等。中国传统政治上节制资本的政策，从汉到清，都沿袭着。……东汉以下的大门第，也在晚唐时期没落了。中国社会自宋以下，就造成了一个平铺的社会。”②

1. 宋代传统士阶层正式复兴

钱穆认为，皇权中央集权逐渐加强，中国社会，自宋代开启了平铺的、散漫的社会，真正的文人社会在宋代形成。宋代吸取晚唐以来教训，重文抑武，导致文人大兴，儒家学术大兴，“**传统的士阶层之正式复兴，则在宋代兴起六七十年后**。教育界有胡瑗，政治界有范仲淹，必待此二人出，乃重见有中国传统之所谓士”③。正是对于文化的重视，经历了元代，中国文化依旧能存续，这是宋代的功劳；不能因为宋代的贫弱，就否定这一历史功绩。

2. 内藤湖南《概况的唐宋时代观》：“宋代为近世开端”说

日本学者内藤湖南指出：“宋代为近世的开端，从政治上来说，就是由于贵族政治的颓废，从而引起了君主独裁政治。……贵族政治从六朝开始到唐朝的中期是最为兴盛的时代。有名的望族在当时政治上地位几乎是超越的，也就是，当时的政治可以说是全体贵族的专利品，非贵族不能就高的官职……即便成为天子，其门第维系

① 陈寅恪：《唐代政治史述论稿》，商务印书馆 2011 年版，第 170 页。

② 陈寅恪：《唐代政治史述论稿》，商务印书馆 2011 年版，第 170 页。

③ 钱穆：《国史新论》，生活 · 读书 · 新知三联书店 2001 年版，第 42 页。

限于第一流的贵族。”

日本学者内藤湖南，则等把中国史分为古代、中世、近世三大阶段。“中世”即六朝，这是一个“贵族政治”的时代。贵族政治据称终结于唐宋之间，此时通过“唐宋变革”而发生了决定性的社会转型，中国史由此步入了“近世”阶段。这个“三段论”的分期，系比照西欧史的古代、中世纪和近代三阶段而来。无论用“五种生产方式”解释中国史，还是用“三段论”解释中国史，都在相当程度上借鉴、比照了西欧的历史经历。①

近代性：中央集权更加加强，社会阶级削弱。宋代社会演变，中国开始走向近代性，中央集权更加加强，社会阶级削弱，因为科举制度，社会上无特殊势力存在。更为深刻的认识，“贫”，仅仅是经济上的，“弱”，地方上变为平铺，与散漫联系在一起，社会没有力量。

这样一个平铺散漫，无组织、无力量的社会，最怕的是敌国外患。北宋为金所灭，南宋的学者们已深切感觉到中央集权太甚，地方无力量，不能独立奋斗之苦，而时时有人主张部分的封建制度之复兴。②

3. 演变后果及得失——应先注意社会上文化传统之养育与保护

“若说魏、晋、南北朝的门第，是文武家庭之变相世袭，则唐中叶以后之藩镇，是武将家庭之变形世袭。门第造成社会不平等，藩

① 阎步克：《田余庆先生的治史成就及对我的启迪》，《许昌学院学报》，2018 年第 5 期，第 2 页。

② 钱穆：《国史新论》，生活 · 读书 · 新知三联书店 2001 年版，第 29 页。

镇造成政治不统一。……门第势力造成政府之弱势，但传统文化，还赖它在乱离中保住。藩镇割据，把中国当时的对外国防，幸算勉强撑持。但在军阀统治下，普遍地文化窒息，而且几乎连根铲灭了。”①

“历史告诉我们，南北朝之后，紧接着隋、唐盛运之来临。而唐中叶以后，终至演变成五代十国之黑暗，以及北宋统一后之长期衰弱。因此我们知道，在确保对外的国防武力之上，应该更先注意的是，社会上文化传统之养育与保护。”②

第四部分　传统文化对士的养育与保护及对当代教育的启迪

社会中坚之知识分子，担负中国社会的起死回生的责任。

“因此要谋中国社会之起死回生，只有先着眼在它所仅有的文化传统与民族意识上，而这一文化传统与民族意识之鲜明透露，则仍不得不期望在社会之知识分子，此乃自唐以来中国科举社会之中坚。但一则因科举制度取消，他们在政治上无合法的出路。一则农村崩溃，他们在生活上无安定的保障。一则教育制度更新，他们在精神上无亲切的安顿。这一个自唐以来一向成为中国社会中心的知识分子，也已开始动摇，开始崩溃。”③

① 钱穆:《国史新论》，生活·读书·新知三联书店 2001 年版，第 24 页。

② 钱穆:《国史新论》，生活·读书·新知三联书店 2001 年版，第 24 页。

③ 钱穆:《国史新论》，生活·读书·新知三联书店 2001 年版，第 33 页。

“历代政权更迭之际，殆无其匹。政府亡于上，顾亭林谓之亡国。而社会士群，则仍能存天下于下。中国历史文化依然保存其大传统。……下层社会之影响上层政治，自本自根之文化传统。”[①]

“近百年来，中国备受西方帝国主义资本主义之欺凌压迫，思欲一变传统，以效法乎彼。于是社会剧变，历两三千年来为社会领导中心之士层，亦日趋没落。”

“一批批的青年，在本国并未受有相当基础的教育，即便送往国外。试问举世间，哪一个国家，了解得中国？又是哪一个国家，真肯关心为中国特地训练一辈合适中国应用的知识与人才？他们走进每一个国家，选定每一门课程，互不相关地在仓促的三四五六年间浅尝速化，四面八方，学成归来。了解不同，想像不同，传统不同，现状不同，拼凑安排，如何是好？……本国的传统大体，利病委曲，在他们则更是茫然的。”[②]

“我们东方人的教育，第一大错误，是在一意模仿西方，抄袭西方。不知道每一国家每一民族的教育，必须有自己的一套。”要负担起此一任务，首先由国人自己的教育来负担。教育的第一任务，便是要这一国家这一民族里面的每一分子，都能来认识他们自己的传统。发扬自己的新文化，创造此下的新历史。要负担起此一任务，首先由国人各自认识自己，尊重自己，一切以自己为中心，一切以

① 钱穆：《国史新论》，生活 · 读书 · 新知三联书店 2001 年版，第 43 页。

② 钱穆：《国史新论》，生活 · 读书 · 新知三联书店 2001 年版，第 145 页。

自己为归宿。[①]

“中国人所谓仁、义、礼、智、信，礼与信皆指内心言。西方宗教亦可谓别有一番礼与信。至于科学与民主，则无内心可言。近人如梁任公以中国重礼治与西方重法治相对，此可谓深得文化分别之大旨所在。法治重外在刑法，其主要在多数意向。而多数人则多重外物，不知重内心，然而人生所遇外物则多变，惟心性乃属天生，乃有常可循。中国文化之相传五千年以达今日者，主要乃在此。”[②]

“最要关键所在，仍在知识分子内在自身一种精神上之觉醒，一种传统人文中心宗教性的热忱之复活，此则端在知识分子之自身努力。一切外在环境，全可迎刃而解。若我们肯回溯两千年来中国传统知识分子之深厚蕴积，与其应变多方，若我们肯承认中国传统文化有其自身之独特价值，则这一番精神之复活，似乎已到山穷水尽疑无路，柳暗花明又一村的时候了。”[③]

第五部分　孟庆延师推荐的书目

在讲课过程中，孟庆延师在对每一朝代的讲解时，都推荐相关书目，如吕思勉《中国制度史》、田余庆《东晋的门阀政治》、陈寅恪《隋唐制度渊源略论稿》、王夫之《宋论》《读通鉴论》、孟森《明

---

① 钱穆:《国史新论》，生活·读书·新知三联书店 2001 年版，第 184 页。

② 钱穆:《国史新论》，生活·读书·新知三联书店 2001 年版，第 144 页。

③ 钱穆:《国史新论》，生活·读书·新知三联书店 2001 年版，第 146 页。

史讲义》《清史讲义》，瞿同祖《中国法律与中国社会》等十多部书，用以辅助讲解钱穆的《中国历代政治得失》，学生如能遵循指导，阅读他所推荐书目，则学业上会受益匪浅。孟庆延师所推荐的书目，皆为佳作。读之，让人感叹不已。

王夫之在《宋论》中评论王安石：

君子之道，有必不为，无必为。小人之道，有必为，无必不为。执此以察其所守，观其所行，而君子小人之大辨昭矣。必不为者，断之自我，求诸己者也。虽或诱之，而为之者，必其不能自固而躬冒其为焉。不然，荧我者虽众，弗能驱我于丛棘之中也。必为者，强物从我，求诸人者也。为之虽我，而天下无独成之事，必物之从而后所为以成，非假权势以迫人之应，则锐于欲为，势沮而中止，未有可必于成也。以此思之，居心之邪正，制行之得失，及物之利害，其枢机在求人求己之间，而君子小人相背以驰，明矣。[①]

王夫之评论宋代之夺兵权：

人本自竞，无待吾之竞之也，不挫之而亦足以竞矣。均此同生并育于声名文物之地，以相为主辅，而视若芒刺之在背。威之弗能也，信之弗固也，宰之弗法也。弃其人，旷其土，以榱支宇，而栋之折也已久。孰令宋之失道若斯其愚邪？天地之气，五百余年而必复。周亡而天下一，宋兴而割据绝。后有起者，鉴于斯以立国，庶有待乎！平其情，公其志，立其义以奠其维。斯则继轩辕、大禹而

① ［清］王夫之：《宋论》，中华书局1964年版，第116页。

允为天地之肖子也夫！[1]

孟森评价张居正：“明于治国而昧于治身”。万历十五年，内廷大竞，被敌利用，无暇顾及边境上事：

综万历初之政皆出于居正之手，最犯清议者乃夺情一事，不恤与言路为仇，而高不知危，满不知溢，所谓明于治国而昧于治身，此之谓也。居正之卒在万历十年，明年追夺官阶，又明年籍其家，子孙惨死狼藉。其时代明之清室，清太祖已于万历十一年弄兵于塞外，蚕食坐大，遂移国祚。经过三十余年，中朝始竟不知有此事，后渐闻其强而羁縻之至万历四十余年稍稍传说，已立国僭号，亦不以为意，直至入犯辽、沈，然后举国震惊。庙堂若有留心边事如居正其人，何至愦愦若此？故居正没而遂入醉梦期间矣。[2]

“读书取正，读易取变，读骚取幽，读庄取达，读汉文取坚，最有味卷中岁月”，上《中国历代政治得失》《国史大纲》的导读课，历史观、价值观，理性思维能力及人文素养等是否得到提升，尚未明知；但有一点无疑：心灵得以宁静。为什么要阅读经典著作，因为心不能永远像旅游般的状态。非宁静无以致远，信矣。

---

① [清]王夫之：《宋论》，中华书局1964年版，第262页。

② 孟森：《明史讲义》，中华书局2009年版，第225页。

后　记

1998年10月某晚，在中国政法大学礼堂，江平先生一年一度的对入校新生的首场演讲进入提问环节，听演讲的我，向他递上写着“作为一名毕业生，深感于毕业生处于社会边缘化”问题的纸条。

江先生对此问题作答，警语劝导诸学子：三国时代，曹操、刘备青梅煮酒论英雄，当年同学，问学于一室中，无甚差别，20年之后相聚，相差很大。当今时代，何以论英雄？不以官位高论英雄，不以钱多论英雄。江先生自谓，一生只向真理低头，与亚里士多德的名言“吾爱吾师，吾更爱真理”有异曲同工之意。

理论家们难道仅仅应当待在学校的教席上，带领青年人认识法律的基础知识？笔者执业十余年，更多地从事法律实务工作，却对当代中国法学的新动态所知甚少，渐行渐远。本科是学生学习法律的轴心时期，追寻法学的脚步，走进法理学、宪政史、民法学、刑法学、历史社会学诸位老师的课堂，或听课，或访谈，深感老师们以其知识与人格魅力，精心培养着学生的法学学识：

“我们应当回归法学的学术立场，到我们应当注重法律的实效性；法科生应当是从法律家到法学家到哲学家的法律人发展之路”，

“君子之道，有必不为，无必为”，诸位老师从不同学科角度出发，阐释法学的真义，指引中国法学、法律人的发展路径，提升学生人文学养，时或颠覆自己以往的偏见浅识，获益匪浅。

2015 年，在法理学的讲堂上，舒国滢老师谈到 20 年来中国法学发展的现状，提及对当代中国法学界产生很大影响的事件，20 世纪 80 年代末，戴逸先生声言“中国法学是幼稚的”，2005 年邓正来教授“中国法学向何处去”的质疑，这些疑虑对法理学界的触动更深。经年谨心守望法学这片土地的法理学教授舒国滢老师，不断在思索着“法学是一门科学吗？法学究竟是什么样的学问，中国法学到底走向何处”等问题。

舒国滢老师认为中国法学未来的道路应当是走“法学的科学化之路”。隆冬时节，三个半小时的访谈，如置身华山之巅，从北京政法学院到哥廷根大学法学院，从罗马到德国，从寻求对法学的兴趣到感受法学深邃思想的魅力，回顾长长的探寻中国法学的科学来路，他坚信法学是博大高深的学问，是值得终身为之探索的科学，法学并不是无所作为的。办公室内仅闻舒国滢老师低缓的叙谈声、钢笔的书写声。室外天宇，一片澄静。

在此，我深深感谢老师们对我们的精心教导。法律属于我们，我们归属于法律。流萤漫天飞舞的茶园，吾爱吾师，更爱真理。

贾广芳

2019 年 1 月